湛庐CHEERS

与最聪明的人共同进化

HERE COMES EVERYBODY

领导力熔炉

CRUCIBLES OF LEADERSHIP

[美]
罗伯特·J. 托马斯　著
Robert J. Thomas
张琼　译

浙江教育出版社·杭州

领导者的修炼

杨斌
清华大学经济管理学院教授，
清华经管领导力研究中心主任

与罗伯特·J. 托马斯在清华大学的见面，实在是正逢其时。

2009 年 3 月 9 日，周一晚，二十多位清华 EMBA 中的人大代表、政协委员回母校座谈，纷纷谈论当前的经济挑战以及他们所经营的企业面临的压力；周二晚，我们与一些即将毕业的清华 MBA 同学座谈，焦点是大家所面临的就业压力和其中折射出的人生的困难抉择；周三晚，罗伯特·J. 托马斯在清华经管学院的演讲，题目恰好是“在危机中锻造领导力"！当然，这不是简单的巧合，我与托马斯聊天时，他说到最近半年多来邀请他讲这个题目的政府、公司、机构激增，真有一种"书到用时方恨少"的感觉。

托马斯的这本书，尽管书名中没有出现"学习"两个字，但其核心就是"学习"。书中强调"熔炉"，这与他上一本跟沃伦·本尼斯[①]合著的《极客怪杰》（*Geeks & Geezers*）关系密切；书中也强调"领导力"，但实际上，本书中所谈到的很多领导力修炼之道，绝不仅仅适用于领导者的培养和造就；从某种意义来说，它讲述了作为一个人，成才、成功，更是成"人"的方法。书中还强调"意义"，其中多个训练更是直指本心，让我们有机会，更有勇气和智慧去思考自身的存在对于这个世界、对于周遭的他人，究竟如何，究竟为何。

在当下，这些理念极为关键，所以才振聋发聩。在以繁荣和增长为基调的日子里，我们无暇也不肯去反省自己的经历，总结自己的得失，站到"阳台"上去看看"舞池"中拥挤的我们在欢快中麻木，在忙碌中茫然的样子。[②]只有到了逆境和"悬置"成为普遍状态的此刻，在生存和变化迫使我们进入"新领域"的此

① 沃伦·本尼斯（Warren Bennis）是组织发展理论先驱，他的领导力思想、理论和实践具有广阔的历史视野、精微的人文关怀和如炬的全球性前瞻。他的四本代表性著作《七个天才团队的故事》《经营梦想（纪念版）》《领导者（纪念版）》《成为领导者（纪念版）》由湛庐策划，浙江人民出版社于2016—2017年出版。——编者注

② 此处的阳台和舞池，是借用罗纳德·海菲兹（Ronald Heifetz）教授常用的比喻。海菲兹教授是哈佛大学肯尼迪政府学院公共领导力研究中心创始人。

刻，托马斯的访谈和研究才产生这么强烈的领导力启示，帮助我们从熔炉中成长为领导者，而非堕落为自怨自艾的失意青年；帮助我们学会如何修炼领导力之道，而非侥幸于又偶然地闯过了一关。正如赫胥黎的深刻洞察：经验不在于一个人经历了什么，而在于他如何利用他的经历。

因此，“重塑”“创建意义”在危机、萧条、困难的时候，最不可或缺。倘若我们消极地解读困难，就可能选择被动地抵挡；而如果积极地面对，也许会有全新的机遇。今天的我们，信心谈得多，有点儿滥，也有点儿懒，因为我们没有创造性地进行“范式转换”。譬如，靠扩招研究生来解决大学生就业的困局，是否有点儿像见招拆招的小聪明，却少了另辟蹊径的智慧？在关于熔炉的访谈中，你会读到“为美国而教”（Teach for America）[①] 的创始人的故事，或许除了感叹之外，我们也能由此认真思考一下“为中国而教”的可能性。

大量研究表明，区别成功与不成功的管理者的关键，是从经验中学习的能力，也称学习敏锐度。看重当下表现，忽略学习潜力，常常会让很多公司的领导力培训计划落空。有研究显示，高达 71% 的业绩突出者并非高潜质人才；这些人升职后，业绩变得不如人意，因为他们没有掌握更有效的从经验中学习的方法和策略。因此，对大公司和管理者而言，同样作为以字母“I”打

① “为美国而教”是美国一项旨在吸引优秀大学生到中小学校执教的项目，为教育不发达的地区做出了巨大的贡献。创始人温蒂·科普（Wendy Kopp）获得了多项荣誉，曾被《时代周刊》评为“最具影响力的 100 人”之一。——编者注

头的词，从意义上来说，learn（学习）乃是 leader（领导者）的基础。

托马斯的许多结论富有启发性，却多少有点儿过于西方化。特别是谈到学习，他的访谈对象和理念局限，让他很难体会到处于东方文化下的人在学习时常常遇到的一些瓶颈——面子问题、羞耻心以及心理上的不安全感。就拿我在领导力培训课程中的尝试来说，书中第 4 章、第 5 章个人学习策略部分的几个练习，对于中国人而言，回答起来绝非易事。从小到大的成长环境，使我们不愿直面这些问题。而东方式的个人学习策略中，我建议至少加上一个重要因素，就是钝感力。李安执着于导演的志向，事业不顺，在家中当“家庭妇男”的 6 年时间，当然是熔炉体验，却不是仅仅依靠“赋予正面意义”“设计学习策略”那么简单的。渡边淳一作为善于移情思维的日本人，提出“钝感力”而非西方人常讲的“复原力”来作为人们学习和成功的分野，可惜至今尚未受到领导力学者足够的重视。

本书中触动我的一句话是：如果你没时间练习，而又想改善表现，你就必须学会在表现时练习。这是我经常观察到的企业高管人员会遇到的一个困惑。我还记得凤凰卫视的窦文涛在被质疑是否时间被挤满、头脑被榨空的问题时的回答，他说，每一次的访谈、节目主持，都是提升自己的训练，“既是表演，也是充电”。本书第 3 章提供了一些很好的理念以及有效的办法，比如“招聘”导师、及时寻找“反馈”等。作为教师，我也记得自己下课时常常急急忙忙跑回办公室的样子，想要赶紧将授课时涌出的一个新念头记录下来，或者标记出学生反馈中的一些新变化，甚至努力再现某次问答场景。高管人员切不可将360°评估的结果作为成绩单，而应将其作为高尔夫训练中的“动作矫正录像”，目的只是帮助你从新手变老手，从老手变高手！

我也深深地被书中传达的观点所刺激：如果你的老板不称职，你的学习可能会停止！真是如此，因为你会将一切糟糕的现状都归咎于他。在2009年这个时点，这个让大多数人不幸的因素，可能就是世界范围的金融危机。金融危机在多大程度上能够成为一个企业学习和成长的熔炉，又会在多大程度上被很快地忘却——风过后，依然故我。这当中，人们是否将自己的失败归罪于外因，这种心理选择是至关重要的。我听到不少公司的高管有所谓的“倒霉论”，他们将危机的根源解释为坏运气，或别家企业的过度冒险，而不从中寻找自己能够学到什么，长进什么，改变什么，这让人深感不安。很多时候，你会熬，你会忍，但你不学习。人们还都同情你，宽容你，但日久天长，当不称职的老板下台后（尽管概率不像很多人想象得那么高），人们面前的你，并非如磨砺十年、锋芒毕现的宝剑，而可能是一个会为他人带去麻烦的人。

书中引用了著名篮球教练鲍勃·奈特（Bob Knight）的一句名言：人人都希望赢，可是没人愿意去训练。确实如此。在清华大学听完托马斯的演讲后，我问一名学生，印象最深的一点是什么？得到的回答是：原来抱负不是梦想，而是你愿意为梦想付出多少艰苦的努力！托马斯以一位奥运滑冰冠军的访谈为例。很多人羡慕这位冠军，问她取得成功最关键的技巧是什么。这位冠军回答说：“技巧就是每天早上 4 点起床，4 点半穿好冰鞋下到冰场里去练习！”如果以这一标准来衡量，我们当中，有多少人的抱负可以称得上是抱负，而不是白日梦呢？

托马斯的深度访谈已经超过本书的规模，业已接近 200 个个案。他兴奋地对我说：“这实在是一种很过瘾的经历，你一下子就拥有了这么多的人生！”我能理解他的表达。跟高手交流的过瘾之处，不仅仅在于他们能启迪我们，发现人生原来可以如此卓越，也同样提醒我们，那些看起来卓越的人生中，曾经有那么颠簸、曲折的过去。

希望这本因巧合而得以应时的书能够在当下的熔炉中帮助更多读者，但我更希望它在经济好起来之后仍然能够畅销。

顺境中找到阴影，逆境中找到光亮

李纲
埃森哲前大中华区主席

每一位企业或组织的领导者都时刻面临艰巨的挑战，尤其是在市场与经济波动起伏的时期。然而，优秀的领导者总是善于正确判断形势，把握市场先机，帮助企业做出成功抉择。那么，卓越的领导力能否后天练就，又该如何练就呢？罗伯特 · J. 托马斯的这本书《领导力熔炉》，或许会带给读者一些启示。

本书是托马斯继《极客怪杰》之后又一部关于领导力的作品。在《极客怪杰》一书中，作者首次提到了熔炉体验对于塑造领导力的重要作用：熔炉体验是一种对身处逆境的人们的严峻考验，那些能从中磨炼意志，并最终渡过难关的人，就能随之锻炼出坚毅的性格及独特的领导力。在本书中，作者进一步探讨了成功的领导者如何从熔炉体验中自我反省，汲取经验和智慧，随后不断地付诸实践，以锻炼及提高自身的领导力，而企业或组织又该如何借鉴这种熔炉体验，制订出系统而有效的领导力培养计划呢？正如领导力大师沃伦・本尼斯博士所指出的，领导力培养必须经过熔炉的锻炼，即必须经历实践，方能融会贯通；在领导力的提升过程中更应注重行动上的落实，同时通过领导力的实践，在体验中练习与进步。

本书中，作者向我们揭示了如何培养出色的领导力，而其理念恰与中国千百年来“格物、致知、诚意、正心、修身、齐家、治国、平天下”的修身治世哲学不谋而合。在中国传统文化中，要成为优秀的领导者，必须先通过接触世间万物，深入研究其现象和规律（即“格物”），然后在体会各种知识的基础上加深对理的体验，贯通明理，达到“致知”；其后，在“诚意、正心”的前提下，通过“修身、齐家”不断完善；最终实现“治国、平天下”的伟业。每一次的熔炉体验，就是一次“格物、致知”的过程，而之后的学习和实践就是“诚意、正心、修身”的自我修炼。无论顺境抑或逆境，只有善于自我学习、自我提升的人，才能培养杰出的领导者品质，成为真正具备治理之才的领导者。

随着市场化改革的不断深入，在面临国内外诸多挑战的宏观环境中，中国的组织比以往任何时期都需要提升领导力，需要培养各级“领导—管理”型人才。根据我们“中国卓越绩效企业研究”项目的结果显示：领先的中国企业始终不断地对人力资本进行投资，时时关注人才的开发和培养，尤为注重对企业下一代领导者的培养，它们通过管理人力资本的方式获得了领先于其他企业的业务优势。我一直坚信领导者并非天生的，而是由后天培养的。领导者要有勇气逆流而上，将目前不确定的因素看作成功路上的磨炼，把克服种种困难的经历作为一种熔炉体验。就如戏剧之父易卜生所说的，“不因幸运而故步自封，不因厄运而一蹶不振。真正的强者，善于从顺境中找到阴影，从逆境中找到光亮，时时校准自己前进的目标。”希望这本书能对您的领导力培养有所裨益。

推荐序 3

领导力与学习

沃伦·本尼斯
领导力大师

这是一本引人入胜的书。我和罗伯特·J. 托马斯就曾讨论过这一主题：领导力与学习。托马斯的热忱和独到的见解给我留下了深刻的印象。我们相信，无论你从事什么职业，要想追求有意义的人生，提高领导力都是核心问题。持续多年的热烈讨论之后，我们合作出版了《极客怪杰》，后来还出版了它的平装本，更名为“终身领导”（*Leading for a Lifetime*）。有此前缘，读到托马斯的《领导力熔炉》一书，得知他对此前的研究进行了深入拓展，写出了这本未来领导者和组织都不可或缺的指南，真是令人高兴。

这两本书都紧紧围绕着“熔炉”这个强大的概念。从考察几十位领导者开始，我们屡屡发现，他们都有过某种转型的经历：或者是痛苦的失败，或者是身处某种陌生的文化之中，或者是遇到一位改变人生的导师。无论经历了什么，无论有多艰难，这些未来的领导者都能从中重新认识自我，掌握一整套领导力的工具和策略。

要形容这些不同经历，最贴切的词或许就是“熔炉”——中世纪的炼金师曾试图用它将普通金属炼成黄金。我们的领导者都经历了熔炉的严峻考验，比如战时服兵役等，正是这些非同寻常的经历，将他们的理解能力和驾驭能力提升到新的层次。所有的故事中，熔炉都是一种教育，它让新出炉的领导者认识到，学习是给予那些经受考验并坚持下来的人的绝佳礼物。正如托马斯指出的，学习能力是“万能工具、瑞士军刀，领导者要时时刻刻随身携带”。

之前，我和托马斯并没有探究熔炉内的情形。我们关注的是人们如何认识熔炉，如何从中学习，而没有深入探讨一些关键问题，比如个人如何驾驭经验的力量，组织借助熔炉是否可以更有效地促进领导者的成长等。

《领导力熔炉》创造性地延展和丰富了熔炉的概念，它可以作为有抱负的领导者的指南。作为研究者，我们尊重理论，也珍视理论。我们一直在努力寻找能将各种不同的数据融为一体的模式。为了完成这本书，托马斯做了大量的独创性研究，探讨领导者如何从经验中学习，如何在领导过程中学习等重要问题。他的重要主张之一是练习和表现是同一个过程。他指出，真正的领导者是专业的表现者，他们形成了个人学习策略，即个人特有的方法，充分利用难得的洞察力，在逆境中学习并通过练习改善表现，进而长期获益。

巧妙和实用或许是这本书最重要的价值。无论在商业领域，还是生活的其他方面，我们都需要可供遵循的智慧，而这本书正好为我们提供了能付诸行动的真实范例。通过新颖独到的练习，托马斯告诉读者怎样采取一些必要的方法，来发展领导力和学会持续学习。看完这本书，读者能够设计出自己的个人学习策略。本质上说，这是一本关于自我发现的书，而且是最广义的自我发现：深刻理解自我，然后转向外界，从而更好地理解我们重视的那些人和组织。

托马斯展示了如何将日常事务，包括许多组织钟爱的那些令人厌倦的会议变成磨炼观察力等领导力的机会。这本书读起来津津有味，而且其中还有很多有意思的故事，它们非常引人入胜。举个例子，书中提到波士顿凯尔特人队的传奇中锋比尔·拉塞尔（Bill Russell）是怎样发现个人独特性的巨大向心力的。在拉塞尔受到的教育中，最重要的不是来自篮球场，而是来自小时候妈妈鼓励他常去的图书馆。或许这听起来令人难以置信：他的老师是米开朗琪罗和达·芬奇。拉塞尔喜欢文艺复兴时期的艺术，能够像模像样地临摹大师的作品。但拉塞尔意识到，自己的绘画中缺乏独特性，这种独特性恰恰是真正的大师和一介画匠的区别。正是这种领悟，激发他无论打篮球还是带领球队，都追求自己的独特风格。

《领导力熔炉》提出了强有力且切实可行的见解，它们对组织和个人都同样适用。我们似乎总在谈严峻的领导力危机，全球性的领导者稀缺。毫无疑问，和地球变暖、恐怖主义以及很多区域性贫困一样，这些问题也在威胁着我们，并且很明显，危机在加剧，而不是在改善。我们必须在这个大背景下考虑领导力的发展，不能只是简单谈谈培养通用电气或哪家大企业的下一任首席执行官。这不仅关系到个人志向，对我们的共存发展而言，为未来预备领导者，即使不像绿色环保计划那么时尚，也至少和它一样重要。我们亟须培养更多领导者，就像亟须种更多树一样。

托马斯从商业组织、政府机关、社会运动和艺术类的领导者教育中得出启示，这足以证明他是一位天马行空的思想家和作家。不过，读者也会发现，虽然这些想法纵横激荡，可他总能回到它们的现实意义上。我相信，这种特质源自他独特的从业生涯：他做过大学老师，当过高管团队的智囊，然后又去领导一个优秀的研发机构。这本书提醒我们，天赋不过是筑就伟大的开端，领导力和学习密不可分。熔炉能压垮某些人，却也会有大批的领导者和学习者涌现出来。托马斯的《领导力熔炉》一书深化了他在《终身领导》谈及的主题，成为《终身领导》完美的姊妹篇。《领导力熔炉》一书让读者有机会积极利用周围能够塑造领导力的环境与工具，这体现了伽利略的智慧：“你不能教别人任何东西，你只能引导他自己去寻找答案。”

无论你的生活、工作、性别是什么样的，《领导力熔炉》都能帮助你发现自己内在的领导力。

中文版序

经验是最好的老师

世界各地的领导者都是从经验中成长起来的，不过，未必所有的经验都能帮助人成长。领导者们经历逆境，艰难时光考验了他们的智慧和韧性；他们从经验中学会谦逊，尊重他人，尊重自己。中国的领导者，和世界各地真正的领导者一样，生命不息，学习不止。

我曾有幸在北京为清华大学的学生演讲。他们很友好，彬彬有礼，对这个话题也兴趣盎然。演讲开始前，报告厅后排的一名学生向我挥手示意。“熔炉是什么？”他用英语问道。我解释说，熔炉是一个容器，是化学反应发生的地方。领导者生活中的熔炉是一段考验、一份挑战，在此期间，领导者会发生本质的转变。“哦，”那名学生回应道，“就像中国当下的商业实践！”的确如此。

本书体现了我对商业、政治和表演艺术界成就卓著的领导者的研究结果。我请他们回想，在生活的哪个阶段，他们得到过成为领导者的重要启示。有些经验非常个性化。基本上没有哪位领导者的重要启示是在商学院或者正式的管理培训项目中学到的。发生在工作中的启发性事件只占一半，另一半都发生在生活中，和家人在一起时，或者在运动、艺术、政治等活动中。我还没有机会访谈中国的领导者和那些渴望承担领导责任的人，不过我猜想，结果可能会与北美和欧洲类似。经验是最好的老师。启示或许不尽相同，学习发生的过程可能千差万别，但经验在其中扮演的角色都至关重要。

在未来的岁月里，我相信，无论是在商业、政治还是国际事务中，成功都属于更善于学习，并能快速适应新知的人。因此，我期望你打开这本书时，保持坦诚开放的心态，多问问题。

让我们从问自己这几个简单的问题开始。

- 想想你是从哪里学到作为领导者的重要启示的，你的启示是什么？

- 你是怎样明白这些启示的？换言之，你了解自己的学习方式吗？
- 目前你采取什么措施，确保自己能够继续学习新技能，并坚持不懈地练习？

学习能力是万能工具

我对如何培养领导者的探索源于两件偶然的事，一件相当愉快，另一件则有些扫兴。第一件事发生在 1999 年 12 月某个阳光明媚的早上，当时我和沃伦·本尼斯在圣莫尼卡的百叶窗餐厅一起吃早餐，讨论的话题是经验如何造就领导者。我向本尼斯描述了自己在观察著名编舞家泰拉·萨普（Twyla Tharp）在曼哈顿城市中心开的编舞师课程时的感悟。在课后的问答环节中，我问萨普，她觉得练习和表演最大的不同是什么。她很奇怪地看了看我，好像我提了个冒傻气的问题。不过她还是耐心地进行了解释，表示练习和表演同属一体，舞者练习的时候，她会想到表演；表演时，她会注意到应该多加练习的地方。她补充说，实际上，关键就是在表演中练习，在练习中表演。我对本尼斯说，我认为这道理也同样适用于培养领导者。他向前倾身，直直地盯着我说："朋友，你已经有些收获了，接着来。"

另一件事发生在那之前的几个月。不过直到和本尼斯吃早餐的那天，我才明白它的意义。我见了一个年轻人，他被国内媒体誉为公司财务领域的领导者新秀。谈话间，我问起自己最近很有兴趣的关于朋友和咨询网络的问题。我问他，如果面临始料未及的困难或抉择，他会去向谁征求意见。他毫不犹豫地回答："我自己。"我听到如此傲慢的回答之后感到很诧异，我推断他要么极度自信，是个典型的美式独立思考者，要么就是蠢透了，是个自以为是、刚愎自用的人。我心里倾向于后一个判断，而此后的事实证实了我的判断：他最终因一意孤行地犯下诈骗罪被起诉。

领导者的教育相当复杂。天赋固然很重要，但即使是天赋极高的人，也还有很多东西要学习。领导者要学习的最重要的事情之一就是要有个人立场：了解自己的特点，知道相信什么，哪些底线不可逾越。熔炉体验和人际关系会展现领导者的立场。有些一目了然，有的则需要假以时日才会显现。关键是要能察觉到，并愿意学习。糟糕的经历也能成为熔炉体验，关键在于我们如何看待它。

领导者的教育很少在教室里发生，不过这并不等于我们不必为有抱负的领导者开设领导力课程或举办研讨会。我热衷于在领导力涉及的包括心理学、经济学、政治科学在内的所有领域，以及政治、商业、艺术、运动、家庭等生活的方方面面，来研究它。别人的研究并不能代替自己的经验。我们要找到方法，充分利用生活中那些重要的转型经历，这些经历会揭示我们是谁，我们的立场是什么。领导者如果不知道自己支持什么或反对什么，就没有能力处理那些需要领导者应对的情况，比如时间紧迫、风险较高以及可行方案难以取舍时。

30 年的教书、咨询、辅导经历和领导者生涯给我带来了一个启迪，那就是如果领导者想实现自己和别人的期望，学习能力是“万能工具、瑞士军刀，领导者要时时刻刻随身携带”。自信会增强学习能力，而卓有成效的学习又能提高自信。可是如果缺乏学习新鲜事物的开放心态，不能重新认识曾经确信不疑的事情，自信不过是个空瓶子，而且是很危险的空瓶子。

本书力求描述领导者的学习过程以及促进学习的技巧和情境。几位我有幸合作过的领导者以及和我一起参与领导力课程的上百位年轻人，给了我研究的灵感，我们曾经试图一起了解领导者的学习方法。从这方面而言，也许我只能算是这本书名义上的作者，我更应该感谢那些接受过我采访、与我讨论过的人。

本书有三个主要数据来源。对商业机构、政府、军队、社会组织和演艺行业的领导者的访谈构成了大部分素材。这个研究计划选择了 88 位领导者作为受访者，他们展现出了经受考验，经营和发展组织的能力。他们有的服务于公共机构，有的在私营组织中任职。研究计划涉及的组织多种多样，有万豪国际集团（Marriott International）、美国联合包裹运送服务公司（UPS）、美国海军陆战队、美国女童子军、世界青年总裁组织（Young President's Organization,YPO）中美洲分会等。此外，我还采访了在 23 个企业、志愿服务组织、音乐学院、运动心理学等领域参与培养领导者的高管和专业人士，他们提出了许多学习方面的真知灼见。

我的数据来源还包括《极客怪杰》一书的读者。此外，我对听过我做相关分享的听众进行过 110 次随机访谈，其中我做分享的场合包括在 20 多家《财富》世界 500 强公司和 20 家学术性机构举行的研讨会，由此收集来的信息具有比较高的参考价值。塔夫茨大学弗莱彻国际事务学院和麻省理工学院斯隆管理学院的学生提供了近百个供我分析引用的熔炉体验。此外，沃伦·本尼斯和史蒂文·桑普尔（Steven Sample）慷慨地提供了 48 个来自南加州大学领导力高级研讨会的熔炉故事。

最后，我还研究分析了 63 位当代商业领袖和表演艺术家的传记。这些知名人物都开创了某种新的组织形式、商业模式（如基于互联网的形式、跨国组织、网络化企业等），或新的艺术门类（如融合爵士、世界音乐、后现代建筑、现代舞等）。自始至终，我都在寻求领导者和艺术家如何学习并超越传统理论、范例的经验与实例。

引 言

熔炉铸就领导力

领导力与学习是相互依存的。

——约翰·肯尼迪[①]

作为领导者，你已经做到最好了吗？多数人会承认没做到。他们读书看报，偶尔参加研讨会，遇到拿不准的事儿就去咨询管理顾问。很多人会收看电视台的历史频道，希望能了解伟大的领导者是在什么样的环境中出生和成长起来的。这种方法固然不错，但是在探索如何增长领导才干的道路上，他们仍是举步维艰，这多少会让人灰心丧气。

① 摘自1963年11月22日于得克萨斯州达拉斯的演讲。

这种挫折感不难理解。时间宝贵，如果你在商业、政府机构或非营利组织中担任管理职务，你努力工作，经常加班，就会忙到没时间去做那些可能真正重要的事儿，比如提升自己的领导能力。单靠书本或者研讨会学习领导力并不容易，因为课程枯燥单调，而且绝大多数培训课程都很短；每个人的学习方式千差万别，老师的教学风格与学生的学习方式之间不够匹配的情况也很常见。远离办公室去参加研讨会可能会令你在当下感到思路清晰，参加挑战极限的活动或许能增强自信，可一旦你回到原来的环境，这种新鲜劲儿就很难保持了。最要命的是，光靠观察很难学习领导力。人们常说，自己对实际行动中展现的领导力只能做到一知半解，而且倾听别人的高谈阔论，并不等于能真正学到人家的做法。

不过，还是有人能在身为领导者的成长之路上得到提高。就像功力深厚的演员和运动员，会努力提升技艺，一步步地持续改善。如果他们并没有比别人读更多的书、上更多的课，也没有大量时间可以用来反省的话，那他们怎么能将领导力施展得炉火纯青呢？答案就是：经验。几乎所有涉及有效领导力的理论都认为，要成为领导者，必须拥有第一手经验，要“打湿鞋，弄脏手”，完成有挑战性的任务，要自愿申请外派，为伟大的领导者工作，哪怕是去为那些有过恶名的人工作，也要尽可能多地学习。

不过有个问题。经历相同的两个人，比如同是被解雇的首席执行官、成功的项目经理、破产的企业家、新上任的主管或那些被派去海外工作的人，学习领导力之后的结果却可能截然不同：有人事业蒸蒸日上，有人却依然故我，甚至一蹶不振。同样的经历可能会催生不同的结果。

问题在于，很多可以培养领导力的经历并不会出现在什么预定的时间里，也不会固定在工作场所或学校这些寻常的地点发生。比如，为了写这本书，我们访谈了许多人，当问及哪些经历让他们领悟到了领导力的要义时，他们很少会提到传统的培训项目或 MBA 课程。其实，他们提到的那些转型过程，发生在工作之外和工作之中的次数平分秋色。记忆中那些最深刻的、让人重新认识自己或改变自我认知的熔炉，大部分来自家庭生活、战争创伤、体育比赛和个人所经历的失败，而不是工作本身。

熔炉究竟是什么？在中世纪，它是炼金师试图将普通金属炼成黄金的容器。在讨论领导力时，熔炉指的是转型过程。通过这种过程，个人可以炼成自己的“黄金”，重新认识自己或改变自我认知。熔炉不同于从青春期步入成年，或从中年到退休的人生过渡阶段。人生的过渡阶段可能充满压力，甚至动荡不安，但它们和熔炉不同，大多是渐进发展的，可以预期的，而且类型比较固定。熔炉更像是考验，它把人们逼到墙角，逼着他们回答关于他们是谁、他们觉得真正重要的是什么等问题。

来看看鲍勃·高尔文（Bob Galvin）的故事吧。高尔文是摩托罗拉公司前任首席执行官和董事会主席，他极富远见，带领公司从模拟技术转向数字技术，成为丰田等汽车巨头首选的供应商。当我问高尔文是从哪儿学到关于领导力的重要教益时，他回忆起早年在他父亲的工厂工作时发生的一件事。

当时高尔文只有 17 岁。有一次，他犯了一个大错，导致整条装配线停了下来。他猜想，老板的儿子闯了祸，工厂主管很可能会在一旁看笑话。可是他们不仅没笑话他，还立刻帮他解决了问题，并且说了一番话。在高尔文后来的人生中，这番话一直激励着他继续学习下去。高尔文对我说："我无意中听到一位工长跟同事说，'鲍勃没问题。如果他出错了，我们可以告诉他，帮他再改回来。他大多数时候都能把事情做好。'"这虽然是件小事，但他对高尔文和整个公司却意义深远。高尔文感谢这位工长帮他树立了信心，令他能够继续勇于尝试，从错误中学习。

高尔文的故事有什么寓意呢？那就是经验虽然很重要，可更重要的是你能从经验中得到什么。置身于熔炉之中，重要的是感知全新的、重要的事情，承受困顿甚至痛苦，从而观察到出人意料的新事物，整合出实用的知识。这些知识不仅反映着你对世界的认识，还有你对自身的认识。从经验里获得知识是一种能力，在企业或者政府机构里担任领导职务的人，以及想培养领导力的人，尤其需要这种能力。因为他们要应对充满不确定性的、复杂的变动情境。这里没有操作手册，你只能运用判断力找出解决方案，而判断力只能从经验中获得。

让不同的人在经受过熔炉历练之后得到不同结果的关键因素

不是其出身和智商。天赋肯定会有影响，但它不是决定性因素。一个人与生俱来的天赋再高，也无法成为能够直面多变情况，超越任何挑战的领导者；适应能力再好，也不能保证智慧的宝石一定会从动荡的熔炉中锤炼出来。

这些领导者与别人不同的是他们的学习方法。他们不会等着机会从天上掉下来，而是主动去发现学习机会，并充分利用它们；他们不会把生活分成行动期和思考期，而是兼而行之，天天如此，有时候甚至会同时进行；他们不会抱怨学习太花费时间，而是会尽量抽时间去学。与有成就的运动员、艺术家一样，他们在“练习”和“正式演出”时都一样全心投入。他们作为组织领导者，觉得自己大多数时间都需要“在台上”，因此学会了如何在“演出”的时候“练习”，不仅仅是通过实践来学习，而是在实践的同时进行学习。

这是一本关于领导者的书。这些领导者擅长将熔炉体验转化为提升自己能力的启示，更重要的是，他们擅长领导组织提升绩效。这也是一本为所有渴望提升领导力的人写的书。之所以这么说，是因为在与本书相关的研究中，我们发现了极其重要的一点，那就是从熔炉体验中获取价值的能力是可以后天习得的。事实上，通过有意识的长期强化训练，一个普通人的领导力可以胜过天才。训练可以让人做好准备，以便人们能认识自己，认清自身的能力，并且对大事保持敏锐，熔炉体验亦是如此。

熔炉体验不仅会是一个决定性时刻，也可能是一个重要的起点，让人们开始探索符合个人志向和动机的实践形式，也就是我所说的个人学习策略。这意味着，熔炉启动了对意义的探求：事情为什么会这样？它为什么会发生在我身上？我应该从中吸取什么教训？只要处理适当，熔炉体验能促进持续活跃的内心交流，加深自我理解，提升绩效。

通过仔细品味形色各异的领导者故事，能培养我们认识熔炉体验的环境和发展轨迹的技巧，还能让我们敏锐地感知到逼近我们的熔炉发出的“警示信息”，知道所需的应对、反应和学习技巧。本书的目的就是让这一切清晰可见，切实可行。

什么是“熔炉体验”？

关于对熔炉的探索——熔炉教什么，以及领导者怎么学，是以我和沃伦·本尼斯合著的《极客怪杰》一书中的研究为基础的。那项研究的目的是了解时代因素如何影响领导者的动机和志向。这里所指的时代因素也可以是个人成年时期所处的社会、政治、文化和经济环境。我们将研究对象的出生年代设定在1925年前和1970年后，采访了当今商业和公共领域中43位顶尖的领导者。

让我们高兴的是，研究中，我们关于年龄和时代因素对一个人领导风格的影响有了更多的了解，这方面的关键性研究结果，请见下方专栏。年长和年轻的领导者在很多方面的见解都非常不同，比如工作上的尽责度、工作与生活的平衡、英雄人物的作用等。但他们也有着惊人的相似之处，比如他们都好学不倦，有强烈的价值感。最有意思的是，这些极客和怪杰都反复谈起某段经历是如何鼓舞他们，造就他们，又是如何真正地教会他们做领导者的。

《极客怪杰》

因为写《极客怪杰》这本书，我和沃伦·本尼斯有机会对一群卓越的领导者做了深入的访谈。他们教给我们很多分辨杰出领导者的方法，其中有三种特质尤为突出，它是年轻和年长的杰出领导者身上的共同之处（见表 P-1）。

适应能力——了解自己，了解周围的世界，了解需要怎样做才能调整、创造和改变。

凝聚他人，建立共同愿景——要传授，也要聆听。做个交互式的领导者，既能获得外界支持，也能指挥别人，能够通过建立共同的愿景动员大家。

操守——知道自己的立场。拥有强烈的道德感，有勇气坚持信念；这是个自我认知的过程，让你明白自我认同的本质，拥有不向环境压力屈服的毅力。有操守的领导者，不会成为道貌岸然的伪君子或随风摇摆的墙头草。

适应能力，凝聚他人，建立共同愿景，操守是杰出领导者的三种特质。它们并非一成不变的，也不是一旦拥有这些特质就能持续终生的。它们需要不断更新，因为领导者面临的环境在不停地变化，而这些变化要求每一种特质都要有持续的效用体现，这是作为合格的领导者该有的标准。

表 P-1　杰出领导者的特质

特质	属性
适应能力	• 拥有复原力 • 拥有创造力 • 愿意接受新考验，乐于学习 • 拥有敏锐的观察力
凝聚他人，建立共同愿景	• 深刻理解目标和要点 • 兼具自我意识和情商 • 喜欢且擅长沟通 • 接纳不同意见
操守	• 拥有明确的价值观 • 平衡志向、技巧和道德立场 • 能够应对价值观冲突 • 知道何时领导、何时追随

我们暂且将塑造领导者的体验称为“熔炉”。对受访的领导者而言，熔炉体验是考验、是测试、是深刻的反思，它挑战领导者去做以前他们没做过的事，成为新的自我。有些熔炉是很多人共同经历的大事，比如第二次世界大战、经济大萧条；有些熔炉因人而异，比如失去所爱、破产。无论什么形式，熔炉都使领导

者检视他们的价值观，质疑以前自己认为理所当然的事情，磨炼他们的判断力。在几乎所有的案例中，领导者在经历熔炉之后，他们对于自身的信念和目的都更坚定了。

我们发现领导者的故事有许多闪光点，但是我们所做的不过是揭开熔炉体验的盖子。我们还不能断言熔炉是否具有某种相似性，也不能因为有些人说过当时对发生的一切毫不自知，就断定有意识地辨别熔炉是有必要的。我们只是推测，学习型领导者身上的特质是否可以通过学习来获得。

我们没料到熔炉的概念在读者中会激起这么多共鸣。很多人表示愿意分享自己的故事。无意之中，我们触碰到了人们共同经验的丰富脉络，这些涉及的事件或关系因人而异，却都意义深远。人们觉得它们不仅塑造了自己，而且也有助于别人理解他们。这些故事有的非常感性，激情澎湃，还有些令人赞叹。这些故事有的在咖啡桌边私下流传，有的在课堂、会议室、报告厅公开分享。我们发现，在所有的故事中，大家都在传达它们的特殊意义，就像画家用明暗、色彩和形状，音乐家用音调和旋律，来清晰表现非常个人化同时又普遍存在的意义一样。

在本书中，我会从各个角度考察熔炉，试图回答读者和领导者们提出的挑战性问题。比如，熔炉中的生活是什么样子的？有可能发觉熔炉在靠近或感觉到熔炉的到来吗？人们如何认识熔炉，以及如何更进一步，从中学习？如同我们在《极客怪杰》中所说的，如果适应能力——即克服逆境的能力——是终身领导者的决定性特质，那么驾驭熔炉体验的力量是人人都能做到的吗？组织能够有效利用熔炉来更好地培养领导者吗？

本书反复将组织领导者的熔炉体验与其他领域，比如艺术和体育从业者的熔炉体验进行比较。我们知道，领导组织机构和带领足球队或者编排芭蕾舞并不一样，但从杰出的运动员、表演艺术家和组织领导者的身上，能看到他们从学习到掌握领导力的典型的成长轨迹。比较这些轨迹，我们会有很多收获。实际上，关于专家表现，以及如何通过天赋、熔炉体验和训练造就专家表现，我的研究都提供了颇有价值的线索。

本书的结构

《极客怪杰》出版之后，我从研究中得出四个主要发现，然后构思了这本书。第一，熔炉包含两方面的启示。第二，练习比天赋更重要。第三，杰出的领导者都形成了自己的策略，使他们能认出熔炉，从熔炉中得到启示，并不断更新认知，来应对这个充满变化的世界。第四，如果组织能帮助个人从经验中学习，就能培养出更多的领导者，促进他们快速成长。

本书分为三部分，分别从不同角度阐述以上发现。第一部分探讨卓有成效的领导者如何从经验中学习。第 1 章揭示了本书的第一大发现，即熔炉包含两方面的启示：领导力之道和学习。一方面，关于领导力之道的启示，对个人意义重大，它们通常都很特殊，引人入胜；另一方面，关于学习的启示则更玄妙，更有效，它们暴露了个人处理陌生的，甚至是矛盾的信息所采用的方法上的缺陷或者隐藏的优势。作为训练，这些启示会促进人们以后的学习——不仅仅是在熔炉中，还可以通过平日里的尝试。

很多人会有思想斗争，不知道该相信直觉还是依靠推理和经验。我认识的一位大学校长就曾陷入这种艰难抉择中。当时有两个学生社团在一次争议中，威胁他要进行暴力活动。最终，他没报警，而是听从自己内心的声音，采取非常规的方式化解了这场争端。

通过这类熔炉故事，我们对依靠直觉行事有了难得的了解。比如，总是带着强烈情感和联想的记忆，为什么会激发本能的反应、预感以及其他直觉反应？它们是怎样被激发出来的？明白预感与个人对世界的认识密切相关，会极大地帮助我们确定如何去理解人，了解情况，从而做出决定，而这些都是领导者要做的事情。尽管会有很多躺在过去经验的温床上的诱惑，但是有了关于学习的启示，能鼓舞人们创造条件、增加机会，去学习新事物或者持续学习。例如，你终于明白，只有当你对不学习所导致的后果的担心超过对学习的恐惧时，你才会主动去学习。

在第 2 章中，我们探讨的问题是，为什么熔炉会让一部分人成为优秀的领导者，却会吞噬另一部分人的能量和活力。我们会看到熔炉千变万化，这不仅在于考验的严峻程度，还在于它们提供怎样的选项和学习机会。这就有助于解释为什么有些领导者会主动寻求熔炉来提高学习机会发生的概率。

第 3 章的案例来自在领导力和运动、表演艺术方面的新兴研究。这些研究证实了本书的第二大发现：练习比天赋更重要。没错，天赋的确很重要，但如果把适当的志向、指导和反馈有机结合起来，原本最没天赋的人也能与所谓的天才竞争。在商务和艺术领域，杰出的表现者都相当重视抓住机会，提高基本技能，并且尝试新技能。这些机会常常在熔炉和日常工作中不期而至。对他们来说，练习和演出根本没有区别。

第二部分将重心转移到练习上。通过练习，基于研究的理念会转化为个人的积极行动，改善领导力表现。第 4 章阐述了本书的第三大发现：杰出的领导者都形成了自己的策略，使他们能认出熔炉，从熔炉中得到启示，并不断更新认知，来应对这个充满变化的世界。而自相矛盾的是，尽管个人学习策略使这些杰出的领导者与众不同，却没人谈起它。有些人是无意识的，他们对于自己学习策略的运用之妙，存乎一心，不可言传；另外一些人认为自己的学习策略是个人艺术，很少提及。不过，这个秘密策略还是能够被解码出来的，让有抱负的领导者都能理解。因此，这一章提供了切实可行的指南来制定个人学习策略。

要制定和应用个人学习策略，首先得审视自己的熔炉体验、志向、学习方式，最终得出缜密的计划，提高个人从熔炉或日常经验中学习的技能。第 5 章和第 6 章，展示了个人学习策略如何在个人的独特经历、志向、学习方式与担任重要领导者角色所必需的技能、能力之间架起一座桥梁。第 5 章通过对久经实践考验的杰出领导者的访谈，总结出一套结构化的自我评估方法，帮助个人深入了解在杰出领导者特质维度方面，自己的优缺点。这些特质包括适应能力，凝聚他人，建立共同愿景，以及操守。接下来的第 6 章给出了非常实用的格式，用于构建并完成你自己的个人学习策略。

第三部分深入研究了本书的第四大发现：如果组织能帮助个人从经验中学习，就能培养出更多的领导者，促进他们快速成长。换言之，在帮助个人形成个人学习策略，充分利用熔炉体验方面，组织发挥着至关重要的支持作用。尽管就本质而言，个人学习策略是个人的责任，而且也很难知道熔炉何时会来临，不过组织能够安排活动，建立联系，帮助参与者做好准备，充分利用机会，使他们学到的重要东西在生活中得以深化。组织不必抛弃传统的方式，只是需要将它们重新调整。

第 7 章研究了一些组织中借助熔炉体验培养领导者的创新方法。这些组织包括丰田、通用电气、埃森哲和波音。可是我发现，这些创新方法虽然收到了积极效果，但只解决了一部分问题，于是我将研究目标拓宽，纳入了麻省理工学院制造业领导者项目和福特汽车公司的虚拟工厂。相比之下，后者的方案设计得更为系统化。不过，为了洞察如何把借助经验的学习彻底整合到组织职能中，我还研究了与主流商业社会有些距离的组织，它们提供了很有价值的线索，有助于商业和政府机构了解如何利用熔炉体验加速领导者的成长。

在此基础上，结合个人层面上的研究成果，第 8 章提出了新颖的领导者培养方法：借助熔炉体验，同时，高管人员在新的领导者准备和领导团队的过程中要担任重要的引导角色。这个总结性章节的目的是要说明作为一个组织，除了制定领导者的能力、要求和标准之外，它能够而且必须多做些事情。公司必须鼓励个人，至少是鼓励那些渴望提高领导力的人制定个人学习策略，并在实践中将其当作操作手册运用起来。

让我们开始熔炉的转型体验吧。首先由外而内，再由内而外。由外而内仔细审视，我们会发现熔炉并非千篇一律。它们的结构、持续期，还有最重要的，它们提供的启示，都不尽相同。而由内而外，即从当事人的视角，我们将探索个人遭遇并超越熔炉的体验。这两种视角将在随后的章节中逐一展开。

测一测　你知道如何从熔炉体验中学习领导力吗

1. 组织的任何层级都有可能诞生领导力高手。

A. 正确　　B. 不正确

2. 领导者遇到突发情况不应做预先假定。如果你依赖第一印象，就很容易犯错误。

A. 正确　　B. 不正确

3. 经历相同的两个人，比如同是被解雇的首席执行官、成功的项目经理、破产的企业家、新上任的主管，学习领导力之后的结果却可能截然不同。

A. 正确　　B. 不正确

4. 熔炉是考验，把人们逼到墙角，逼着他们回答关于他们是谁、他们觉得真正重要的是什么等问题。让不同的人在经受过熔炉历练之后得到不同结果的关键因素是其出身和智商。

A. 正确　　B. 不正确

扫码做题，
获取答案及解析。

目录

CRUCIBLES OF LEADERSHIP

HOW TO LEARN FROM EXPERIENCE TO BECOME A GREAT LEADER

第一部分

领导力是可以习得的

CRUCIBLES OF LEADERSHIP

HOW TO LEARN FROM EXPERIENCE TO BECOME A GREAT LEADER

第 1 章

在熔炉中成长，从经验中获取能力

被剥夺一切资源是种福分，因为我们将以此为契机，发现尚不知晓的能量。

——本杰明·富兰克林

经历熔炉而成长起来的人，都有一大特征：永不停歇。就算发觉自己陷入无法控制的情形，无论怎样挣扎、痛苦、焦灼，他们也不会被困境吓倒。在他人看到混乱和迷惑之处，经历熔炉而成长起来的人能看到学习和成长的机会。

本章将探索熔炉在领导力教育中扮演的角色，分析本人近期研究的四大发现之一。具体地说，就是熔炉包含两方面的重要启示：领导力之道和学习。我们试着来回答一下领导者如何学习的核心问题，比如，熔炉中的生活是什么样子的？人们如何认识熔炉，以及如何从中学习？而最重要的问题是，驾驭熔炉体验的强大力量，究竟是人人都能拥有的能力，还是仅仅留给幸运儿的奖赏？

我把熔炉定义为让个人改变自我认知，也就是重新认识自我的转型过程。如果仔细观察熔炉体验，你会发现清晰的轮廓线和轨迹。熔炉会割裂现状。有时它们会破坏安逸的人际关系网络，比如一个业绩出色的人招致同事的排挤；有时它们不期而至，戏剧性地改变了个人预期，比如一名警察被要求去担任战时指挥官；有时熔炉还会挑战个人的自我认知，比如破产、落选，或是失去爱人等，引发痛苦的自我怀疑。这些熔炉的共同之处，在于对立面之间的深度紧张或冲突。

熔炉体验的三种类型

尽管各种熔炉故事千差万别，但是当我们仔细研究它们时，发现了同一个清晰的主题：熔炉促进了从经验中学习的过程。让我们来看看军队少校乔·鲁普（Joe Rupp）的故事。

鲁普曾在离开军队的一段时间里，学到了自己在军官预备学校时忽视的领导力之道。他和同伴一起来到一个墨西哥小镇，那时正赶上大热天。“那可真是陌生的环境。”鲁普回忆道，“尽管我在新兵训练营和军官预备学校都待过，但那时我还是个孩子。”镇上有位大嫂给了这俩年轻人一些木瓜汁提神，他们毫不犹豫地接受了。“她把木瓜切了切，扔进水桶里头，再往里撒了点糖，就给我们了。”鲁普说，“我喝了 3 杯。当时我特别渴，而且也不能辜负人家的好意。”

这礼貌代价不菲。他得了痢疾，一个星期瘦了快 10 公斤。他病得很重，一度跟当时的领导说，想要给妈妈打个电话。“我当过海军，很坚强，”他回忆道，“可是当时我在领导面前哭了。我就是想在觉得自己特别惨的时候，给妈妈打个电话。可领导说，‘不行，我不能让你打这个电话。你在这里不能只想着哭诉自己的遭遇。如果你不在这里，你生病了，觉得难受，当然可以给妈妈打电话。但这种病是当地人天天都要面对的。你要尽快地适应这里，解决问题，而不是计划个人得失。’”

鲁普说自己被领导的话深深触动了，他记下了这些话。他对我说：“那件事给了我一个教训，那就是我不应该太以自我为中心，只考虑当下的处境对自己的影响。”

鲁普在军官预备学校受训时，曾被反复告诫要重视别人的需求，先人后己，但这些教导并没有真正在他心里扎下根来。这场痢疾把他的自我认知扔到了荒原上。这是以前他在课堂教育，甚至海军训练中都没有经历过的。自己的确“很重要”，可正如那位领导提醒的，鲁普改变了以前的想法，知道自己不是世界的中心，而只是世界的一部分。这次批评很温和，可它促使鲁普认识到他对自己和自身承担的角色的理解与他人对自己期望之间存在的紧张，并缓解了这种紧张。

后来，当他担任直升机飞行员时，都用自己在墨西哥小镇的那段经历提醒同事和下属，在抱怨酷热、尘土、沙砾之前，先去关注当地人的需求。需要强调的是，鲁普像我们研究过的很多领导者一样，不是独自经历熔炉的。他得到的启示非常个人化，但是在他的事例中，老师，或者说向导、导师、教练，发挥了必不可少的作用，帮助他分辨自己的重点，明白在自己所面临的情况中，真正重要的是什么。

鲁普经历的这类熔炉给人的启示深刻、持久。它们使人们明白，当面临伤害和沮丧时，应该做什么，不应该做什么。事实上，我研究的近 200 个熔炉体验可归结为三种主要类型，每一类都有其独特的标志（见图 1-1）。第一类熔炉是遭遇陌生的未知事物，我称之为新领域。这种熔炉使个人对新信息变得敏锐，并且能提高人们从混乱中掌握情况的能力。第二类熔炉涉及损失、伤害、挫折、困境，类似鲁普所面临的情况，我称其为逆境。逆境教人忍耐和智慧。还有一类熔炉涉及长时期的思索，我称它为悬置，它能让领导者明确自己的价值观和生活目标。

职业生涯中的熔炉

标准的熔炉故事由以下内容构成：(1) 每个人举出给他们带来领导力深刻教益的一个事件或一段人际关系；(2) 确定这个事件或这段人际关系发生的时间和地点。这里提到的故事，多半是每个人最先想起的一两件事。然后，我会将这些对个人而言意义最为深远的故事，按照类型和职业阶段进行归类。

在保证这些结果经得起进一步检验的同时，我们会得出一些饶有趣味的解释。我将在后面的章节谈到，它们给出了个人和组织如何利用熔炉体验培养领导者的重要线索。其中有几个观察结果尤其值得关注。

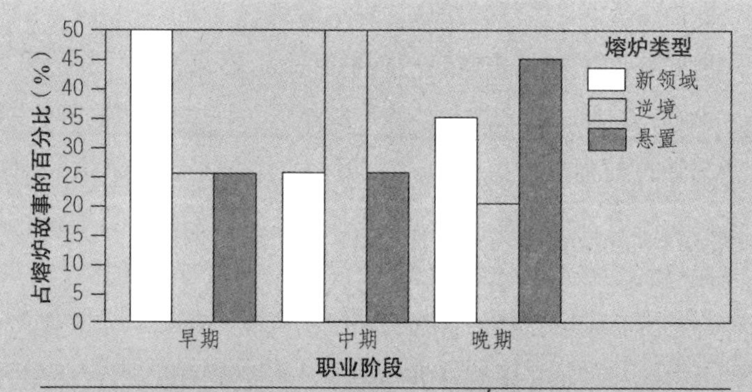

图 1-1 职业各阶段的熔炉类型

熔炉类型和职业阶段之间有非常明显的相关性。涉及新领域的熔炉大多发生在职业阶段早期，甚至是在当事人进入劳动力市场之前。这很合乎情理，因为事业刚刚起步的人会频繁更换工作，建立新的人际关系。对于处于职业中期阶段的人来说，逆境出现的频率最高。这也可以理解，因为到了这个阶段，人们的工作和人际关系中更容易出现错误、失败和损失，换句话说，这时候通常是成败关头。处于职业晚期阶段的年长领导者描述的大部分熔炉，都与悬置或者中断有关。或许是因为在这个阶段，生病、失业、换工作引起的自愿或不自愿中断原本进程的可能性比较高。

而在领导者的职业早期和晚期阶段，频繁出现新领域的熔炉体验，表明这两个阶段有些共同之处。在《极客怪杰》一书中，我和沃伦·本尼斯观察到了“赤子态”（neoteny）：

年长的领导者历经时代和组织变化，仍保持活跃和生机的特性。我们认为，赤子态是一个人保持朝气蓬勃的习惯和行为直至晚年的一种特质，比如好奇、乐于体验、对意外保持开放心态。这些熔炉表明，那些随着年龄增长仍持续探索新领域的人，会像领导者那样保持生机和活力。对沃尔特·桑德海姆（Walter Sondheim）、约翰·伍登（John Wooden）①、悉尼·哈曼（Sidney Harman）②、沃伦·本尼斯和弗朗西斯·赫塞尔宾（Frances Hesselbein）③等人的访谈也证实了这一点，他们都谈到了自己所经历的新领域熔炉。

我们将在后面看到，对新领域永不停息的求知欲，也是随着年岁增长不断精进的表演艺术家的特质。

这三类熔炉考验个人面临困境的适应能力和复原力。每个熔炉都代表一种问题，它们的共同点就是底层的压力。熔炉像绷紧的橡皮圈，蕴含着能量，这能量一旦释放出来，可能会有成果，也可能什么都没有。接下来，我们将分别讨论各类熔炉的情况，先着眼于领导力之道，然后是探究如何学习。

---

① 美国前职业篮球运动员、教练员，NBA 仅有的以球员和教练身份同时入选篮球名人堂的三人之一。——编者注

② 著名音响公司哈曼卡顿（Harman Kardon）的创始人。——编者注

③ 美国知名领导力专家、美国德鲁克基金会创始人。——编者注

在熔炉中提升领导力

熔炉可以产生强大的领导力启示。艰难时光中得到的教益会变成试金石，陪伴人们走过漫漫人生路。从很多方面来说，杰出领导者都会以熔炉故事为原材料，练就核心特质。他们不断适应、成长，用新的方式动员他人一同前进，知道该做什么，并且能鼓起勇气行动。

让我们先来看看新领域熔炉体验中蕴含的领导力启示。

新领域

到一个新的地方，比如被派到海外工作，生意或家庭生活发生意外的转折事件，在组织中担任新角色，这些都是会让人产生变化的挑战。你不仅要活下来，还要在陌生的环境中如鱼得水。这就需要你重新定位，把变化融进自己的经验里，而不是徒然觉得陌生、混乱，感到和环境格格不入，然后把自己消耗得疲惫不堪，总觉得自己是局外人。很多受访的领导者认为，一旦通过熔炉的考验，以后无论碰到什么样的经历都会有更大的力量去面对。

来看看帕特里克·梅隆（Patrick Mellon，化名）的故事。他是一位高级管理人员，曾经带领所在的公司力挽狂澜。他先后在 12 家公司服务了近 30 年，被认为是一个难以对付的谈判者。他可以让债权人感到局促不安，能够安抚焦虑的投资人，也能够重振员工和退休人员的士气、信心，为此，他愿意承担最大的个人风险。

我问梅隆，他是在人生中的什么时候学到有关领导力的重要教益的。梅隆稍作沉思，做了个深呼吸，讲起一件事。当时他十几岁，正在争取加入高中荣誉社团。“他们把我带到林子里头，大森林里最黑最深的角落。”他说，“他们让我起誓，等我听不到他们的动静时，再把眼罩摘下来。这是入会的考验。要是我能找着路回到营地，我就能加入社团。”等到梅隆终于摘下眼罩的时候，发现周围一片漆黑，真的是伸手不见五指。“我一点儿都不敢动，不知道自己是在悬崖边上，还是在大深坑里。”他回忆道。

这就是当时的情境，他独自一人，而之前他从未经历过这样的事。“我害怕极了，瑟瑟发抖，”他说，“我大声抱怨，完全崩溃了，大哭起来。跟你说这些还真有点儿难为情。我那会儿可一点儿也不像得过一大堆荣誉奖章的鹰级童子军。我特别害怕，认为肯定找不到回去的路了。我会迷路，掉下悬崖，摔断腿……或者更要命，大家会组织搜救，电视台也来报道，这可太丢人了。”

大约两个小时后，他终于平静下来。梅隆回忆道：“就像是迫使自己理性的一半和非理性的另一半在危机中交流似的。我过去从来没用这种方式让自己冷静下来。”那天晚上他明白了两件重要的事，那就是他会害怕，他也会让自己不要怕。

他会害怕，也是他访谈中要求用化名的原因，因为他担心会失去下属的信任。他说，如今每当他觉得害怕的时候，就会停下来，做个深呼吸。“我会回想起 15 岁时明白的道理，心里又回到了面临紧张、不确定的那个情境。我回忆自己当时是怎么分析情况的，做了什么，怎么请人帮的忙，又是怎么在看似无望的情况下想出解决办法的。”

访谈时，梅隆正在处理一项艰难的公司转型事宜，他选择这次经历作为熔炉并不是偶然。在这个故事中，他展现了自己如何将无助、惊慌和羞愧感转化成管理自己和周围人的策略。

不过，梅隆的经历对他此后的领导行为究竟有什么影响呢？他说：“它让我更有同情心。在那之前，我从未遭遇无法承受、不能战胜的挑战。可那次情形实在太危险了，比我以前遇到的严重得多。我忽然意识到那是真的，不是演习，不是课堂测验，不是系着安全绳去攀岩那样，万一失足，还能防止你摔下来。此时，你没法回避。”他头一次明白，当面对自己不能控制的力量时，究竟意味着什么。梅隆表示，现在他作为领导者，当公司上层要对下属员工做出重大变革举措时，他少年时的那段经历能帮助他更好地理解他人，无论对方是高管还是蓝领工人。

“我意识到，如果事情忽然变糟了，比如失业，或是眼看着年金要蒸发掉，大家肯定会恐慌。我知道这种恐慌很真实，因为我也经历过。幸运的是，我克服了，我觉得别人同样能做到。”梅隆说，“这是我努力想让我领导的人们明白的真理。”

梅隆的熔炉体验，以及他从紧张状态摆脱出来的方式，使他能够在组织或团体处于危机中的时候，镇定地处理令人困扰、焦虑和争执不休的种种情况。他遭遇过数不胜数的类似情形。密林中的那个晚上着实提醒了他，危机深处往往蕴含着学习的机会。

另一位经历新领域熔炉的人是邵凌云。她是美国陆军预备队士官，曾被主流女性杂志评为“全美十大杰出女大学生”。邵凌云申请预备军官训练团奖学金，最初是为了支付上大学的费用。入团的第一年被她称为“模拟入伍”。一年后，她加入正规部队，接受基础训练。和此前的上百万人一样，新兵训练营让邵凌云大开眼界。她认为对自己影响最大的领导力熔炉，是初次执行任务的时候。

邵凌云作为医疗队员受训，她想做名医生。当时飓风“米奇”（Mitch）余波未息，她被派到某处边境的战地医院，那片地方被视为交火地区。她回忆说：“我本来要和长官一起去建一个战地救护站。可出发之前，她病了，所以我就只好一个人去做这些事情。那是我拥有的最棒的锤炼领导力的经历。”尽管没有做任何高难度的医疗手术，但她觉得自己在帮助别人，照顾他们。

“当时我手上只有绷带和药膏，可我觉得，自己给那里带去了巨大的变化。”她说，“人们在基地外面排起长队，真的有将近 2 公里长，他们就是为了进来，让别人看看他们的伤口。”

关心别人、解决问题，动员大家充分利用有限的资源去做重要的事。对邵凌云来说，这段经历向她揭示了领导者的真正含义。这些与她熟知的美国医疗体系中常见的宛如噩梦的保险单据和官僚规则形成了鲜明对比。在陌生的地方做熟悉的事情，这开阔了她的眼界，让她了解到在她想要达到的结果与美国医疗体系的传统局限之间存在的紧张状态。邵凌云也因此调整目标：她要在取得医学学位后，在南波士顿开一家诊所，为那些没有保险的人，也就是她所说的“有贡献的社会成员”提供服务。

新领域的熔炉体验需要异乎寻常的敏锐性，它本身也能培养出这种敏锐。人们因此能够保持开放的心态，注意到那些意外出现的预兆，并会随着时间的推移，越来越敏锐地感知到临近的陷阱和意外。在新领域熔炉体验的访谈中得出的领导力启示有：

- 不做预先假定。如果你依赖第一印象，就很容易犯错误。
- 领导者不仅要回答问题，还要多问问题。
- 领导者要意识到自己可能不够客观、公正，需要经常质疑自己。
- 领导者要学会依靠他人，信任他人。
- 如果你遇到陌生的领导情景，试着讲故事，也分享他人的故事，以此发现人们的共识。
- 记住：有时一些事件会共同推动你成为领导者。

逆境

失去爱人，离婚，破产，或者某件大事上的失败等，对人都极具杀伤力，让人的心理难以平衡。深藏其中的是另一种形式的压力：你本来以为永恒不变的东西，忽然消失了；或者你原本信以为真的事情，却成了假的。逆境使领导者以一种截然不同而又更加全面的方式，理解自己的处境。

关于这一点有一个相关案例。杰夫·威尔克（Jeff Wilke），亚马逊公司的高级副总裁，他因为擅长将人类的智识和数据分析融合起来而广受称道。他回忆了自己作为领导者的成长过程，其中的转折点是一次很艰难的逆境。加入亚马逊公司前，威尔克在一家化工厂工作，当时有位员工在工作中意外死亡。他说，那时他经历了一连串的灵魂拷问："为什么会这样？谁该负责？我们是否也有责任？"他很困惑，"我开始追问这些问题，去拜访这位工人的遗孀，和工厂的其他员工谈话。整整一个星期，我都和大家待在一起，了解他们的伤痛，帮他们渡过那段艰难时光。这就是一次转型的过程。我本来认为，工作中做领导者就是要保证盈利，完成指标。这样每天工作结束，我就可以回到自己轻松舒适的生活里去了……可最终，大家的人生其实都是绑在一起的。总是会发生一些事情，让你发觉，是否完成指标并不重要。那种感觉就仿佛是你被狠狠打了一巴掌。"

威尔克一向以自己的分析能力为豪，可他意识到，自己和同事面临的问题，并不是冷冰冰的数字能解决的。如何调和这两种截然不同的思考行为模式，引发了他深刻的压力和紧张。短短几周之内，他发现自己对工作的看法出现了巨变，“我不再只关注业务，开始允许自己在工作中投入感情。归根结底，领导是关于人的，你不能将生活与工作割裂开来。”

能否在逆境中发现意义和力量，正是领导者与非领导者的区别。遇到坏事，弱者会觉得自己倒霉，感到很无助，甚至认为自己上当受骗了，而领导者却能找到方向和解决问题的办法。像威尔克这样经历过逆境的人，能够让个人超越狭隘的自我认知，反思自己与他人的关系。逆境通常让人开始深刻意识到自身与世界的连接性。总之，在这种体验中，一个人能够重新认识自我，增长能力，为下一个熔炉的来临做好准备。

有时候，逆境最核心的压力并不是损失和挫折，而是严重的失调，甚至是矛盾。让我们来看看埃德温·格斯曼（Edwin Guthman）的故事。格斯曼现为南加州大学安嫩伯格传播学院的终身教授。他在《西雅图时报》做的新闻报道获得了普利策奖，在《洛杉矶时报》和《费城调查者报》（*Philadelphia Inquirer*）任总编时的出色领导工作得到广泛称赞。20 世纪 60 年代初，他任司法部长罗伯特·肯尼迪的新闻秘书。也正是那时的熔炉体验，给了他重要的领导力启示。

1962 年 9 月，在密西西比大学校园里，一群人反对年轻的黑人男子詹姆斯·梅雷迪思（James Meredith）注册入学。他们带着武器，愤愤地威胁着要闹事。格斯曼和司法部的其他官员被困在学校的一栋大楼里，手边仅有一部投币电话。格斯曼说："当时我们有 300 多名法警和五六个司法部的官员，而外面有将近 2 000 人围攻我们。我们有催泪瓦斯，也有武器，可以阻止骚动的人群靠近，但还是有 29 名法警中枪受了伤。伤员就躺在地板上。一个陆军部队正从孟菲斯赶过来。"

到了这个时候，他和同事觉得应该申请动用武器了。当时的司法部副部长尼克·卡岑巴赫（Nick Katzenbach）给罗伯特·肯尼迪打了电话。答复呢？非常明确："不行！"格斯曼回忆道："我们讨论了半天。大家都很生气，觉得我们快没命了！"格斯曼觉得最愤慨的是，肯尼迪，这个 35 岁的年轻司法部部长，没有任何军事经验，居然将自己的下属置于这么危险的境地。

当然最后他们谁也没被打死。几个小时后，部队到了，事态平息了下来。后来，相关人员在司法部开会，探讨这件事的处理方式。他们意识到，当时如果罗伯特·肯尼迪同意开火，整个事件会演变成一场灾难。"想象一下，要是我们开了枪会怎样？"格斯曼说。随后几天，虽然肯尼迪没有要求，但格斯曼和同僚还是开了好几次会。他们想弄明白，当时自己怎么会要求司法部部长下达命令让他们拿起武器对付同胞的。

这个痛苦又有些尴尬的反省过程，对格斯曼的影响是决定性的。起初他对肯尼迪很生气，这种气愤，既是因为觉得肯尼迪年轻，缺乏军事经验，也是因为感到危险迫近，心生恐惧。但格斯曼认为，肯尼迪的决定对他后来作为一位领导者的言行产生了巨大的影响。用他的话说，“我们意识到那个决定的重要意义，也意识到自己犯的错……回头看看，我得到了很多教训。如果发生了什么事，应当去了解情况而不是责备别人，这样你就不会犯同样的错了。你应该花时间去正视问题，勇敢面对。”

这里的重要启示是，要重新认识伴随高风险决策而来的个人利益与他人福祉之间的冲突状态。格斯曼的做法是审慎决策，并向自己和下属提出种种尖锐问题。在他的职业生涯中，他的领导方式经受了多次考验。当外界对格斯曼提出的某些观点有强烈异议时，格斯曼会花好几个星期亲自调查论证，确认自己的立场是否正确。

逆境考验一个人是否做好了充足准备，是否拥有足够的想象力，它可以让人更加自信。同时，逆境也能培养人们超越眼前挫折、预见未来结果的能力，使领导者了解乐观的力量，具备坦诚自身缺点的勇气。以下列出了从逆境中得到的领导力启示：

- 领导者要记住人与人之间相互依赖的重要性。生活中不只有生意，组织都是由人构成的。
- 领导者必须关注人际关系，愿意接受他人的关心。
- 领导者不是超人，无论人们的希望多么迫切，也不可能对任何事情都有答案。
- 失败是成功之母。
- 困难终会过去。

- 危机出现之前，你要明白领导力意味着什么；否则等灾难发生，身边的人都要仰仗你的领导时再去了解就太晚了。
- 操守是你唯一真正拥有的东西。

悬置

这类熔炉经常与断裂有关。它们不期而至，不管你是否情愿，原本你熟悉的行为和习惯都会被弃置一旁，取而代之的要么是严格的约束，要么是一团混乱。处于悬置核心的是各种事实之间的紧张关系——过去的和现在的、直接的和间接的、舒适的和难受的。伴随紧张关系而来的正是探索和反省的机会。大学生活、长期失业、铁窗生涯，都可能是熔炉，它们为探索自我存在和生活方式的种种可能性提供了时间和空间。进入类似新兵训练营这类高度结构化的“全控机构”[①]正是如此，这样的经历能使自我认知发生剧烈变化。

悬置向领导者提出挑战，要求他们明确自己的使命、目的，巩固自身信仰和价值观的基石。

阿里·奥马尔（Ali Omar）是安全部队的一名上尉。从 15 岁开始，他就活跃于民族解放运动中。他回忆起一次激战。那件事让他意识到，自己作为领导者，尽管不够完美，但却能起到很

① 高夫曼提出“全控机构”（total institutions）的概念，来表示实施严格制度的场所，如监狱、军营、精神病院，这些地方运用单向权力来规范人们的生活。这些机构通常是提供生活供给的唯一场所。——译者注

大的作用。他一向视自己的长官为领导者的楷模，尤其是其中一位代理指挥官对他的影响特别大。奥马尔回忆道："我觉得他什么都懂，什么都难不倒他。遇到困难，他总能想出办法，知道怎么带领我们渡过危难。"

然而，在一次危急关头，这位指挥官却畏缩了。他变得犹豫不决，惊慌失措，让奥马尔和战友们自己管自己。奥马尔忽然发现，自己得负起责任，领导起一群人。"指挥官告诉我，让我靠自己，别再请示他了。"奥马尔说，"我这才意识到做领导者有多难。你要保卫城市和平民，给士兵下命令。你不能犯大错，要不然会后悔一辈子。"最要命的是，命令奥马尔自行决定的指挥官，不是因为忙才没时间管下属，而是忽然不愿意做领导者了，缩回了自己的小天地里，千呼万唤也不出来。

奥马尔形容当时的感觉，就像被"打了一记耳光"，觉得自己被上司离弃了。更糟糕的是，这位上司还暴露出了懦弱、恐惧和自私，对下属不管不顾。那一刻，奥马尔感觉心痛不已。他能理解指挥官的立场，但依然感到非常愤怒。他对自己的领导能力并不自信，可也不愿意就这样丢下同伴不管。他总结道："我从这次宝贵的经历中明白了一个永恒的真理，那就是我们都是凡人，随时会犯错误，可能造成巨大的损失。可同时人们也愿意冒险，以意想不到的方式行事，获得令所有人，包括自己都无法预料的成就。"正是因为经历了这种熔炉体验，加上其他种种影响，奥马尔才决定致力于他此前从未敢想过的事业。

悬置带来的挑战逼迫个人去为自己，同时客观上也为他人创造秩序。人们原本待在熟悉的，看似封闭而持久的人际关系网络中，忽然被弹了出来，像自由落体似的下降。悬置激励人们去建立对个人生活非常有意义的规则，去创造价值观和意义的基础，并据此扩展，形成生活追求和人际交往的原则。以下列出了悬置蕴含的领导力启示：

- 领导者必须有明确的目标，这样别人不仅会重视你的逻辑，也重视你的诚意。
- 领导者要求他人平和下来之前，自己要先能够保持平和；如果领导者期望别人遵从自己的价值观，必须先明确自己的价值观。
- 领导者不必“刀枪不入”；虽然在做决策时，不能做到有问必答的话，会让人慌乱，但这样有助于激发他人的参与。
- 领导者如果错了，就要认错，虚心接受批评。

这里讲到每一个关于新领域、逆境和悬置的熔炉故事，核心都是某种压力、潜能，需要某种以前不存在或者你不知道的行为或反应。尽管从熔炉体验中获得的一些领导力启示看上去并不新颖别致，可是领导者的表达方式极富戏剧效果，这正是有效领导力的一个关键。

按照学者诺尔·蒂奇（Noel Tichy）的观点，领导者必须像老师一样。本章提到的领导者展现了蒂奇所称的“可传授的观点”。他认为，领导者不仅意味着遇事要指引方向，做出判断，还得不断努力发展别人的领导力，要立足当下，着眼未来。而那些故事，尤其是那些关于考验和超越的故事，恰恰构成了“可传授的观点”的基石。它们包含的丰富细节，焦灼状态的描述，以及真实可信的程度，将这些本来可能像说教的东西变成了实质性的建议。

现在，我们来看看这三类熔炉蕴含的学习方面的启示。

在熔炉中学会学习

一个人从熔炉体验中，不仅可以获得弥足珍贵的领导力启示，同时还能得到学习的启示。因为所有熔炉故事本质上都与获取新知有关。本章里提及的故事主人公，就因此对自己的学习方式有了更深刻的理解，明白了如果想成为一个有能力、有成就的人，想学习新事物，缓解熔炉带来的紧张，从而取得更佳表现，哪些东西是必不可少的。每个人都提到了强大的飞轮效应[①]：一旦意识到从经验中获得理论的方法，人们就会发现，处处都是学习机会。

事实证明，学习的启示比领导力启示更有价值，因为学习本

① 为了使静止的飞轮转动起来，开始要用很大的力气，但每转动一圈的力气都不白费，飞轮会转动得越来越快，喻指万事开头都要付出艰辛努力，但持续的改善和提升会带来巨大的力量。——编者注

质上就是促进人的成长，让人学会适应不断变化的环境。学习的启示甚至能让人认识到环境正在变化，需要进行调适。就像在文艺体育领域中新手与行家的本质区别一样，新手会欣喜于偶有所得——一步舞、一招棋、一杆球，可行家看重的是技巧的结合，不断的练习，即使当下已经看似优雅无比、无懈可击，他们也始终会留意学习的机会。懂得学习的人能够运用教育的力量，学得更快、更好，随着时光变幻，他们在不同的环境和组织里都能适应、成长。

学习的启示常常会在不经意中显现，就好像鲍勃·高尔文从工厂工长的话中得到鼓励那样。这些启示有时候会被忽略，有时候会被认为平淡无奇，但我们不能否认它们的重要价值。一些其他领域的领导者也像行家里手一样，在无意识地这样行事。虽然他们很难用语言描述自己是怎么领导，或如何学会做领导者的，但这并不影响最终的结果，他们照样能从经验中学习。而意识到自己学习方式的人，以及学得最深入、最能坚持的人，往往可以学得更快、更好。他们也更擅长向学生或者下属传达他们的见解，也就是说，他们会培养出更多领导者。自我意识并没有让他们沉溺于自我分析，放慢速度，变得迟钝，而是增强了发现自己和别人的学习需求和学习机会的能力。

学会学习的方式是如何展现出来的呢？在与领导者关于熔炉的访谈和讨论中，我不仅会问他们明白了什么，还会问他们是如何明白的。如果故事中某个因素发生变化，就会让故事变得平淡无奇，那么这个因素是什么呢？

在探求答案的过程中，我们发现了关于领导者从经验中学习的有价值的线索，有的线索让人吃惊。最重要的是，如果确定了三个方面的联系，往往可以实现从熔炉中学习的目的。这三个方面是个人的志向（个人心目中最好或者最理想的自己）、动机（个人最重视什么）、学习方式（怎样才能学得最好、最有效）。

举个例子，杰夫·威尔克曾详细描述他管理的工厂中有位员工不幸殉职，他从中所获得的启示。他认为那是一种领悟，让他意识到作为领导者，应该理解、尊重并支持人际的密切联系。他还谈到，熔炉使他整理出对自身的洞察：要如何有效解决工作中介于情感角度与理性分析角度之间的紧张状态。于是，他不得不深入探索周围的情形。他谈到自己走出了舒适区，去面对陌生的事物和体验，认识到所有的情况、资源、情感都构成了深刻理解自身和世界的机会，而这些都是非常重要的。

邵凌云在萨尔瓦多做实习医生的经历，让她有了更明确的自我认知。此外，邵凌云将自己在那个小村庄的作用，与她熟知的美国医院医生的表现相比较，认识到自己的核心动机是救治患者，而不是追求名望，明白了自己的学习方式偏好是亲身实践、互动和体验。

悉尼·哈曼是哈曼国际公司（Harman International，前身为哈曼卡顿公司）的创始人，曾任美国商务部副部长。我和沃伦·本尼斯合著的《极客怪杰》一书中曾详细谈到他。关于学习方式，他谈到自己的两个心得。首先，他认为每天记流水账，能确切知道自己在想什么，比如哪些问题需要解答，哪些答案正在形成。布兰迪斯大学校长杰胡达·莱因哈茨（Jehuda Reinharz）和加州大学洛杉矶分校的传奇人物——篮球教练约翰·伍登跟我说，做记录能帮自己明确所学。其次，哈曼认为，与各领域的大师相处，和他们一起工作、聊天，从他们的激情和深刻见解中汲取能量，能帮助自己迅速有效地理解这些领域。为了搞清楚爵士号手温顿·马萨利斯（Wynton Marsalis）在用哈曼的音响录音时，希望小号达到怎样的声音效果，哈曼会像音乐评论家一样仔细询问马萨利斯。

谈到学习的启示，我们也会想，它们的种子最初是如何培育的呢？领导者又是怎么学会感知到它们的存在，然后培养它们的呢？答案就是：他们采用了“个人学习策略”。

个人学习策略

认识自己的志向、动机和学习方式，感知熔炉的核心压力，将熔炉的强大力量转化成产能，这些能力就是个人学习策略的基石。这个策略包括两个方面：（1）它指导人们认识学习需求，识别学习机会；（2）它让人们明了哪些条件、资源、支持最有可能改善结果。

于是，对某些领导者的熔炉体验访谈，就变成了对个人学习策略的探索。仔细观察就会发现，所谓的“孜孜不倦”或“创业精神”，其实是一种如同本能一般的行为。学习策略有可能是愉快的，也有可能是痛苦的，但它只有在特定条件下才可能产生。举个例子，首个完全在线的证券经纪公司 E*TRADE 的创始人比尔·波特（Bill Porter），他不仅把发现问题的技巧和热情用在组织建设上，同样也用在协助研发人造卫星稳定器、测量设备和电子交换机上。

还有一种情况是，受访者很清楚自己的最佳学习方式，他们习惯在知识的指引下去面对新的项目、任务和挑战。有时，他们就是熔炉中的探险者，渴望迎接能成就自我的挑战，美国证监会前主席小阿瑟·莱维特（Arthur Levitt Jr.）就是如此。在莱维特 50 余年的职业生涯中，他在空军服役过，做过牧场主，还做过《展望》（*Look*）杂志的编辑。克林顿执政期间，他担任过证监会主席。“我相信人生很重要的一点，就是让尽量多的门开着。”他解释道，“如果你爱上一个社区，不想再搬家了，就意味着你关上了一扇门。我愿意到处走走，不管是哪里。我想这很重要，我觉得人得像植物似的，有时要给自己换个花盆。”

一方面，个人学习策略是个人化的学习惯例或方式。它有个特点，就是要被用来挑战其他惯例。有些行为模式被反复运用之后，会逐渐形成惯例，人们不再创新并拒绝改变，从而导致效率降低，最终这些惯例成了绊脚石。个人学习策略就是要发现这些惯例或方式，而驾驭这种个人独特惯例的能力，几乎和惯例本身一样重要。有了这种能力，人们就能洞察局势、认清趋势、发现机会，从困境中找到谈判的突破口；有了这种能力，领导者就能推动组织下定决心、抓住机会、力争向前。当沃伦·本尼斯被问及他做大学校长的经历时，他说学习犹如灵光乍现，这种灵感有时就是一种预感，它告诉你应该做什么，以免陷入惯例的泥潭。这些会学习的人，被索尔·贝娄（Saul Bellow）[①] 称为“一流的有心人”，他们不仅留心外部世界，也留心自我。

另一方面，个人学习策略包括对自我和所处情境的觉察力，这种觉察力也是“情商”的体现。这种内在的觉察力能够推动领导者进入某种情境和人际关系之中，质疑那些传统的且可能已经不再适用的观念或行为，或是让人勇敢面对与舒适现状相抵触的陌生事物（关系、文化、技术和世界观）。

个人学习策略与熔炉体验到底有什么关系呢？一方面，熔炉通常是催化剂，有助于领导力的学习，也有助于对学习的洞察，从而让人了解凭借哪些条件和资源最能学到东西。另一方面，人们一旦认识到自己的个人学习策略是怎样的，这个策略就会引导人们探索自己对挑战、学习、适应和成长的需求，以及发现在什么环境下可以满足这些需求。因此，个人学习策略必将通向未来的熔炉。

个人学习策略也能提醒人们注意那些远不如熔炉那样特别的学习机会。它让人对日常生活中出现的大量学习机会变得敏锐。帕特里克·梅隆，这位扭转乾坤的行家，就曾描述过恐慌感是怎样教会他安抚自己和他人的。他解释道：

---

① 美国知名作家，1976 年获得诺贝尔文学奖。——编者注

> 当我站在投资者会议的讲台上，面对不放过任何隐秘弱点的犀利分析师时，或者面对一群热切期盼着能够确信自己走的方向正确，有人能给出他们信赖的方案的年轻人时，我觉得站在舞台上的自己必须进行“演出”，即使我不十分确信，也得表现出信心来。我必须真的认为，我要大家做的事是可行的，我们能够获得想要的结果。的确，我在演戏，可我没作假。我就像在走钢丝，具备作为专业人士应有的全部信心，也清楚知道如果自己掉下去就麻烦大了，但我绝不会向下看。领导者就是要这样做。

梅隆怎么能对自己的表现充满信心呢？“这需要练习，”他说，“从经验以及对经验的反思中学习。”

实时练习的能力并非熔炉体验独有的产物，但在经历过熔炉，并从中反思个人学习策略的领导者身上，这种能力似乎尤为常见。一旦意识到自己从经验中学习的方式，领导者就能发现周围的各种学习机会。如同舞台演员重复表演剧目一样，他们会“进入角色”。不过，对于表演方式，他们仍然可以通过判断观众和其他演员的反应，即兴发挥。正如李小龙、成龙这些武术大师，在精巧复杂的身形变化中融合了速度和优雅一样，即使有些行为在旁观者眼中显得扑朔迷离，领导者仍能深刻认识自我和周围的环境。如同造诣深厚的音乐家在演出中根据情况对自己和乐器进行调整，领导者也可以证明他们能够边表演，边练习。

表 1-1 列出了来自熔炉访谈的更多的学习启示。当你阅读时

请注意，这些启示既非常个性化，又非常实用。

表 1-1　学习的启示

熔炉类型	学习启示
新领域	• 领导者要从考验和挑战中学习，而不是从熟悉的事物中学习 • 领导者走出舒适区，被迫尝试新的行为时，学习效果最好 • 领导者要向最佳模范学习，这样效果最佳：找出某个领域的领先者，努力弄清楚他们为什么与众不同，以及他们能教给你什么样的领域新知 • 在你没有真正经历之前，所有的东西都是理论。要不断拓展新领域和积累新体验
逆境	• 直面恐惧：不是止步不前，而是直面自己最深的忧虑和担心，然后全力向前 • 恐慌常发生在学习之前，恐慌之后会迎来平静 • 要从失败中学习 • 只要不让自己处于危险的境地，时常考验自己是好事 • 为了学习，不怕失败
悬置	• 做过再说：在当众表演前，花些时间练习新技能、新行为；先独自练习，不要招摇 • 学会花些时间反思：比如在深呼吸或冥想时，可以进行短暂而放松的创意畅想 • 在某些时候，比如被解雇、下岗，可能会给你一个意料之外的思考机会，让你分清自己的优先级，探索各种可能性，而不是被过去的自我所束缚

在本书的访谈中，我们非常偶然地发现，绝大部分领导者属于忘我型的学习者。他们一直在探求新的想法和方式，思考和解决反复出现的问题。就像空中飞人演员一样，他们松手是为了前进，即使并不确定秋千是否会刚好在他们需要时出现，自己是否

能抓得住。这里说他们“忘我”并不是指他们没有自我，而是说他们不会故步自封。摩根·麦考尔（Morgan McCall）对成功高管的研究中也着重强调了这一点：“成功人士会以学习的方式对自己负责。他们不会拒绝刺耳的批评，而是戒除骄傲，认真对待反馈意见。他们不会将事事归咎于他人，而是自己努力想办法解决问题。他们不会只因为别人年老或年轻，粗暴或软弱，或者与众不同而轻视别人，而是认为人人都有值得自己学习的地方。”

体验，尤其是深刻的熔炉体验，能够为人们提供学习的机会和理由。不过，就像饮马时把马硬拉到水边一样，如果没做好学习准备，你就无法从经历中得到任何教益。因此，从熔炉体验中发掘理念的关键前提，就是你要意识到学习的必要条件。想要理解人们如何获得这种意识，如何启动学习的飞轮，我们必须更深入一些，探索熔炉之中的情形。这就是下一章的主题。

CRUCIBLES OF LEADERSHIP

HOW TO LEARN FROM EXPERIENCE TO BECOME A GREAT LEADER

第 2 章

在熔炉中重生，用复原力对抗压力

成功就是你坠入谷底后反弹的高度。

——乔治·巴顿将军

在短篇小说《卷入大漩涡》(*A Descent into the Maelstrom*)中，爱伦·坡提供了一个对熔炉中生活的绝佳文学重现。讲故事的渔夫是三兄弟中的一个，经过充满间歇涡流和大漩涡的水域而幸存下来。他讲起那要命的一天，当时他完全没有时间和方向概念，船被吸进了漩涡，水哗哗地涌过来，把船卷向海底。他坦白说，自己当时都吓傻了。一片混乱中，头顶的天空看上去越来越窄，忽然他被一种神秘的平静所笼罩，意识到一切都失控了，似乎已是在劫难逃。片刻的平静之中，他没去想正在迫近的死亡，而是看到了事情的另一面。

阻碍理性思考的喧闹和困惑消退了。他摆脱了惊慌失措的情绪，出奇清楚地看到漩涡吸进来的一些残片下沉的速度比船下沉的速度慢。事实上，他和船都在下沉，几个空木桶却好像悬在他上方。他意识到，木桶可能不会沉入海底，逃生的机会就是离开沉船，于是他把自己绑在了木桶上，最终活了下来。

我的很多受访者像爱伦·坡小说的主角一样，回忆起熔炉中的生活，都觉得是忙乱紧张的，有时令人消沉压抑，有时头晕目眩，一片混乱。温蒂·科普是“为美国而教”的创始人，她讲述了她在大学高年级准备论文选题时遇到的困难，说她当时陷入了“之前从未经历过，希望今后不会再有的沮丧之中”。最终她摆脱出来，想要成立一个全国性的教师组织。全国性保护组织的创建者塔拉·丘奇（Tara Church）也谈到她内心斗争的历程。她 8 岁时意识到气候干旱剥夺了树木的生存机会，但致力于节水的行为（比如使用一次性纸盘）又会消耗树木。小女孩困惑于环境保护与破坏之间的矛盾，继而害怕起来：没有树，没有水，人们该如何生存？为了摆脱这一噩梦，在妈妈的帮助下，她成立了一个由孩子组成的植树组织。

这些领导者经历熔炉的日子，似乎都让他们陷入了棘手的进退两难困境。当他们回顾那段日子时，常常纳闷自己居然能从混乱中幸存下来。有人郁闷地说，过了很长时间他们才意识到自己挺过来了。然而，他们对从中得到的启示却记忆犹新，好像是几天前刚发生的事情。

即使他们将这样的幸存简单归结为幸运，但人人都说，熔炉激发和强化了至关重要的一种能力：适应能力。适应能力与学习相关，学习关于自我、关于世界的知识，学习如何去调整、创造和改变。适应能力使人承受住困境中遇到的疑惑，让人保持开放心态，接受种种可能性，不封闭，不逃避。

正如理查德·博亚特兹（Richard Boyatzis）教授和安妮·麦基（Annie McKee）在《共鸣领导学》（*Resonant Leadership*）一书中提醒我们的，紧张等防御性反应会让人更脆弱。这类反应让人难以随机应变，更糟糕的是，它们不但不能释放出积极能量，还会消耗你本来就有的能量。或许如何选择“战斗还是逃跑”，是人类在上万年的荒野生存中进化出来的，扎根于脑海的本能。而学习，尤其是快速学习的能力，则是成功适应人类社会生存挑战所必需的能力，尤其是在 21 世纪。

复原力是适应能力的核心要素，它使领导者即便面对紧张情形，仍可以保持平静，积极探求答案。根据心理学家弗雷德里克·弗拉赫（Frederic Flach）的研究，复原力可以缓解对抗力量之间的紧张状态：“变革的每个阶段必定充满压力，因为它涉及两种强大力量之间的冲突——一种力量想要我们努力保持现状，另一种力量却命令我们前行，迎接新天地。”

复原力：内心力量与人际力量

内心力量和人际力量，两种力量之源促成了复原力。

内心力量

- 拥有强烈而灵活的自尊
- 高度自律和有责任感
- 了解并会发展个人的特殊天赋和才能

- 拥有创造性：心胸开放，愿意接受新理念，敢于想象
- 兴趣广泛
- 非常有幽默感
- 不怕困难
- 专注而投入地生活
- 拥有信仰：一种哲学和精神的架构。即使是在生命中最茫然无助的时刻，它也能诠释个人经历的意义和重要性

人际力量

- 独立思考和行动，但不过度拒绝别人的帮助
- 人际交往中，既能给予，也能接受
- 拥有良好的家庭环境和朋友圈，有一个或几个知己
- 愿意而且能够放下仇恨，宽恕他人，同时原谅自己
- 擅长设定尺度
- 适度自利
- 不自私，也能保护自己不被他人的自私伤害
- 慷慨
- 能够自如地给予爱和接受爱

在我做的访谈中，人们所谈及的关于熔炉及其启示的内容，尤其是关于学习的启示，表明我们应该把复原力看作一个过程，

而不是天生的特性。换言之，有些人或许天生具备复原力，但复原力也能按照设计好的步骤得到训练。本书随后会详细描述，这种训练对个人学习策略至关重要。

在领导者的熔炉故事中，复原力出现的时机各不相同。下面的例子说明了展现复原力的三个关键时机：（1）体会到与熔炉相伴而生的压力，有时甚至是痛苦；（2）当某些事情可知、可控时，懂得重新看待压力；（3）能够建设性地解决压力。

认识到熔炉中的压力

缪丽尔·西伯特（Muriel Siebert）是西伯特金融公司的创始人，也是第一位在纽约证券交易所拥有一席之地的女性。她的父亲卧病在床 3 年，去世后，家里一贫如洗。她于 20 世纪 50 年代来到纽约。当时她觉得自己一年能挣 12 500 美元，已经很不可思议了。几年之后，尽管她已经是纽约证交所分析师协会的首席航空公司分析师，但还是没法取得交易员的资格，经常拿不到佣金。

她回忆道："那是因为大事务所不用我，我没法在这个行业里获得口碑，只能在一家小事务所做合伙人。大事务所都不愿意雇用女分析师，那里没有我们的位置。他们只招女秘书，那时的华尔街对女性相当不友好。"当她知道男同事的工资比自己的多一倍之后，就向城里所有的事务所投简历，却都杳无音信。一直到后来，分析师协会帮她发简历，上面仅注明她姓名的首字母而不是全名，她才得到一个大经纪公司的面试机会，并最终得到了这份工作。

尽管如此，她还是只能拿到应得佣金的一小部分。回想起当时的情形，她感受到的是自己傲人销售业绩的自豪感与根深蒂固的不平等之间的冲突。“当我学会做交易时，一切都不同了。”她说，“一天，麦迪逊基金（the Madison Fund）给了我一张 10 000 股的订单。我去找老板说了这个好消息，他也为此兴奋。我们当时没有谈佣金比例，不过我想应该有 4 000 美元，可实际上我只拿到了 1 600 美元。一方面，我觉得自己干得不错，因为当月收入还挺高，另一方面，我觉得被耍了。我得决定怎么来处理这件事。”

西伯特苦苦思索自己的两难境地：不平等的遭遇无疑令人气愤，可若想避免这种情况，就得自己开办事务所，而这要冒极大的风险，不仅可能会失败，而且对她以后的再次求职也很不利，因为雇主会质疑她的忠诚度。最终，她选择将足以压垮自己的压力转化成决心，创办了自己的事务所，决心把女性和少数族裔等弱势群体培养成为世界一流的表现者。

事务所的成功让她敢于向公众宣传自己的理念。她在高中开设课程教青少年理财，教他们如何根据预算来谨慎使用个人信用：“你知道吗？没有任何一张信用卡账单会告诉你，如果你只支付最低还款额，就得花上 15 ～ 20 年来还昨晚的饭钱。而那就是信用卡的运营方式。”西伯特的目标是让年轻人厘清金钱和财务安全之间的种种关系，她希望这个课程能成为高中的必修课。另外，西伯特还率先启动了专注于女性和金融事务的网站。

对于西伯特和其他受访的领导者而言，认识到熔炉中的压力并非易事。他们需要懂得区分推动变革的力量与竭力维持现状的力量，需要承认自己的脆弱，还需要不屈不挠的意志力。接下来，我会讲述如何认识、重塑这种压力，并把它融入我们对现实生活的全新领悟中。

重塑压力

布赖恩·莫里斯（Brian Morris）在巴尔的摩市西区的非裔美国人社区中长大。他回忆说自己的家境不算很贫困，但也不富裕。实际上，在他小的时候，家里仅能勉强维持生计，而其亲友大多是毒品和帮派暴行的受害者。好在莫里斯有一些积极的榜样，比如对年少的他寄予厚望的外婆，使他将小时候的逆境重塑成为机会。后来的他，管理着自己的社区大楼和投资公司，同时任职于巴尔的摩市的学校董事会。

当莫里斯回想起自己何时学到领导者的要义时，他谈起了11 岁时的经历：“那件事造就了我以及我的做事方式。”对一个孩子而言，他的遭遇简直是终极噩梦：他发现父亲趴在地板上，显然因为吸毒过量而不省人事。莫里斯叫来妈妈喊救护车。他回忆道：“当时我似乎好几个小时就只是站在那儿，盯着他。我都不知道自己眨没眨过眼。”

莫里斯那时面临的压力关乎生死，他害怕失去父亲。外婆的期望与他在西区的陋巷里日复一日的生活，像火车轰隆而来一样驶过脑海。他说：“小时候，你不会意识到自我的存在，不会觉得有什么东西是会消失的。直到那时，我才明白什么叫作生命，自己的也好，别人的也好，生命真的会消失。”那时他忽然意识到死亡的必然性，他的生命是有时间期限的，而很多人要在长大后才会明白这个道理。

有过那次熔炉体验之后，莫里斯意识到自己要在有限的时间里有所成就。这种想法帮他在青春期进入成年期时，重塑了身边的境况。莫里斯也影响着身边的朋友，当同伴抱怨社区附近没有篮球筐时，他帮他们钉上牛奶筐作篮球筐用。当他们需要球衣时，他会搜罗一些 T 恤衫来，在上面写上字母、号码当作球衣。

莫里斯将几位伟人视为楷模，如马丁 · 路德 · 金、约翰 · 肯尼迪。他最认同的是马尔科姆 · 艾克斯（Malcolm X）[①]。“马尔科姆 · 艾克斯出身低微，”莫里斯说，“他曾是个罪犯，坏事干尽，可后来却奇迹般地发生了蜕变。他明白了如何才能净化自己，成为一个值得尊重的人。”显然，莫里斯将这种理解铭记在心，实

① 美国北部黑人领袖，与南部的马丁 · 路德 · 金并称为“20 世纪中期美国历史上最著名的黑人领导者”。——编者注

现了他自身的转变：那个看着父亲倒地的小男孩，变成了巴尔的摩市的模范市民。

重塑过程有时是群体行为。很多经历过如破产、选举失败、重要项目挫败等逆境熔炉的领导者，得到了遭遇过类似困境的人们的帮助，走出了难以为继的局面。移动之岛公司（Island Moving）就是一个绝佳的例子。它是位于罗得岛纽波特的一家芭蕾舞团，由米基·奥尔森（Miki Ohlsen）创立。奥尔森在荷兰接受古典舞蹈训练，从早年做舞者开始，她就一直对芭蕾情有独钟。通过训练，她的技艺越发精湛，出演过很多重要角色，获得了大量赞誉。但是同时，她不得不忍受传统芭蕾舞团里“严酷的等级制度”，在那里，即使是最出色的舞者也要无条件服从芭蕾舞大师“践踏自尊”的粗暴专制。

奥尔森决心要在一个更能表达自我的环境中继续追求舞蹈事业。她召集志同道合的同伴，成立了一家公司。正如公司的使命宣言所说，他们致力于这样的信念：“互相协作和支持的环境能促进创意的产生，创造出伟大的艺术作品，这些作品是能深入刻画人类普遍的精神和经历的。”移动之岛公司至今开创了很多地方舞团的先例。它拥有长期性的场地，连续 20 年有演出剧目，成功招募到了稳定的演员阵容，并且能给员工发放可维持生计的工资。

重塑压力并不是一种幻想，也不是自欺欺人。它是一种有目的的重塑：找到一个角度，将当前的现实情况重塑为更健全、更有成效的结果。在奥尔森的例子里，移动之岛公司的一项主要原则就是每位成员要承担起个人责任，包括明确自身的价值和志向，找到建设性方案来解决冲突等。如果某个舞者觉得自己总担任配角，希望站在舞台更前面一些的位置，他就必须自己提出来，即使这样做会与导演和其他舞者发生不愉快。

建设性地解决压力问题

想解决熔炉中的压力问题，意味着你要找到一种方式，去修复个人熟知的生活与当前经历之间被撕开的裂口。乔治 · 瓦利恩特（George Vaillant）① 在对一个群体的长期研究中得出结论，认为心理健康的核心要素就是调适能力。他总结出被他称为防御机制的 18 种适应形式，并认为其中的 5 种是人们应对生活挑战比较健康、成熟的方式：利他、幽默、抑制、预期和升华。我发现在我听到的熔炉故事里，每一种方式都有充分的体现。

鲍勃 · 多诺霍（Bob Donohue）是马萨诸塞州港口管理局消防与营救部负责人，其辖区包括波士顿洛根国际机场。他在访谈中谈到了在相互依存的复杂环境中做一名领导者所面临的挑战。他所在部门处理的绝大部分任务，都是要跨越组织边界的紧急情况。而一旦出现紧急情况，有时候惯例做法要被搁置一边。2001 年 9 月 11 日那天，当飞出洛根机场的两架商用客机被劫持，冲

① 哈佛大学教授、知名精神分析学家，致力于研究成人发展过程、精神分裂症等。——编者注

向纽约世贸中心大楼时，多诺霍是少数几个明白调度几十家市政部门、机场、州及联邦机构，并同时协调许多公司来应对这场空前危机是多么复杂的任务的人。

“消息传来时我惊呆了，完全呆住了，”他回忆说，“怎么会有人这样做呢？他们为什么这样？然后我就想到我们应该做什么。”幸好，他所在的部门原本就制定了如何应对紧急情况的规章制度，尽管这次情况的严重程度前所未有。多诺霍继续说道：“更重要的是，我认识这样一群人，他们可以帮我解决问题。虽然情况很糟，但我知道我能信任他们。只要号召他们去做，他们就能做好。”

多诺霍从未想过会用这样的方式来召集人员，他们就像灾难后突然出现的领导者一样。尤其是纽约与新泽西港口事务管理局的中层领导者，他们在机场维持秩序、做好调度，安置大批降落的飞机、机组人员以及数以千计的乘客，动员工作人员慰问劫机受害者的家属，并开始系统地搜寻事件发生当天的线索。

关于一名领导者的学习方式，“9・11”事件这样的熔炉体验给了多诺霍什么启示呢？他回答说，虽然他确实获得了作为领导者的自信，但是这次熔炉体验的真正意义，在于他意识到自己变得更愿意寻求别人的帮助了。

多诺霍说出了非常有意义的一点，那就是如果你从一开始就没有学习的态度，那么即便意识到压力，或者觉得需要去适应，也不过是一场空。观察别人的做事方式，或者请求他人援助，都是可以学着做的。换言之，复原力不是与生俱来的，而是可以后天习得的。

解决压力问题并非总是需要深思熟虑，有时它似乎会自然发生，正如宾夕法尼亚州哈弗福德学院的前任校长杰克·科尔曼（Jack Coleman）分享的熔炉故事中提到的。某次科尔曼听说有一群学生要将美国国旗扯下来焚毁，同时学校的橄榄球队员不想让他们得逞，双方人马都聚集在了旗杆周围。随后，科尔曼忽然想到一个先发制人的解决方案。谈到那次经历，他仍然有些激动，声音也在颤抖，他说："我的内心不知哪儿来的一个声音给了我灵感。我对学生们说，与其把国旗烧了，还不如把国旗洗一洗再升上去。结果他们真这么做了，然后人群就散了。我自己也不知道这个想法从何而来的。"

无论是自然发生的还是经过深思熟虑的，科尔曼和多诺霍描述的解决方案都是领导者的工作。当然，在世界舞台上，成功解决紧张局势的情况并不经常发生。正如他们两位所说，有时这些工作都在幕后进行。我的确也见过一些领导者通过创造性适应，克服学习障碍的情况。

比如，维珍集团创始人理查德·布兰森（Richard Branson）患有阅读障碍，数学也不好，而且他还承认自己记忆力很差，高中都没能毕业。不过他说："从某种角度上说，我认为患有阅读障碍还是比愚蠢好些。”他的学习方式就是从创造一种产品或服务中获得经验，并利用这些经验促进其他方面的进步。这种方式效果很好，他也为此感到骄傲。

有学习障碍的商界领导者名单实在是令人惊叹，而我在此提起这个名单，是因为它非常适合用来讨论学习。名单中包括约翰·钱伯斯（John Chambers，思科公司首席执行官）、查尔斯·施瓦布（Charles Schwab，伯利恒钢铁公司创始人）、约翰·里德（John Reed，花旗银行前任董事长）、克雷格·麦考（Craig McCaw，手机行业的先驱）、保罗·奥法里（Paul Orfalea，金考公司创始人）、黛安娜·斯旺克（Diane Swonk，时任美国致同会计师事务所首席经济学家）以及华尔街王牌律师大卫·博依斯（David Boies）。奥法里二年级都没读完，上三年级的部分时间是在智障儿童班上的课。他也不会阅读。课堂上其他同学大声读书的时候，奥法里形容那就像“天使在他们耳边轻声说话”。每个人都用自己的方式，解决了早年差点让他们陷入困境的学习障碍与他们不可阻挡的成功渴望之间的冲突。

把关注重点从自己的不利条件转移到培养克服困难的能力上，就可以得到解决方案。找到处理阅读障碍的办法，或者探索出“9·11”事件之后恢复常态的道路，未必意味着潜在的紧张压力就消除了，不过是变得可控而已。重要的是，几乎没有人能全凭自己找到解决方案。

没有人能独自学习

成长为领导者的征途往往是孤独的。人与人之间所有的谈话中，我们真正了解的只会是我们自己。我们知道自己在磨难中经受的所有的起承转合和剧痛，但对于他人，我们并不能了解多少。听不到别人的内心独白，你可能根本不会意识到别人内心的挣扎。

不过，我访问过的领导者在他们的熔炉体验中很少是孤独一人。在经历熔炉的过程中，导师、教练、老师、配偶、同侪、老板和朋友，都扮演着至关重要的出谋划策的角色。他们最大的作用，就是把事件放回到原来的语境中，帮你对周遭发生的事情有更健全的感知。正如瓦利恩特在关于人的终身适应性研究中所说："无论是孩子还是大人，在学着忍受当前的焦虑情绪时，只有当身边有其他人的时候，才能有效地预估可能产生的痛苦。"

下一章我会详细讲到，杰出的表演者往往会寻找最好的老师，甚至当别人觉得他们已处于事业巅峰的时候，他们还是会这样做。伟大的教练或导师可以贡献丰富的经验，展现客观的角度。考虑到经验在成为领导者的入门和成熟过程中起到的核心作用，这一发现同样适用于培养有效的领导者。

让我们来看看罗伯特·德里南（Robert Drinan）的例子。他是 20 世纪 70 年代的一位国会议员，是第一位提交弹劾尼克松总统决议案的众议院议员。虽然当时他已经是一位经验丰富的政治领导人，但他告诉我，在那次熔炉体验中，他非常依赖周围的同仁和道德领袖，以此来使自己确信，对美国总统的非法行为进行公开指责是正当的。他住在华盛顿特区，社区中很多人在乔治敦大学任教，他们提供了关键的意见。

对身处熔炉中的领导者，教练和导师所做的最重要的事情之一，就是帮他们暂时“走出角色”。管理教育家贾尼丝·克莱因（Janice Klein）认为，领导者和变革促进者拥有的一个关键能力就是既能做当事者，也能做局外人。当事者在事情发展过程中完全置身其中，参与行动，而局外人四处观察，质疑被视为理所当然的事情，以冷静的态度来评估表现。熔炉中，教练的作用往往比导师更有效，教练不提供答案，而是提供观察的角度。

教练和导师很少会像被魔法或命运召唤一样突然现身。通常他们是作为管理和解决熔炉紧张局势的一种策略而被招募来的。家庭成员中，父母、祖父母往往容易成为首选。这是因为他们一般能很好地理解和接受当事人及其困境。

有些领导者扩展了教练的作用。他们为自己组建了“个人董事会”，定期向他们征求意见、反馈和观点。亚马逊公司的杰夫·威尔克就是如此。由于他在职业生涯早期的熔炉体验，威尔克认识到圈子的价值。他的圈子里有朋友、前任老板以及教师。他向他们寻求建议、意见和忠告，反过来，他们很关心他，希望他成功，也对他直言不讳。

每个人经过熔炉历练之后，结果会很不同。有的人有所收获，有的人仅仅感觉自己挺过来了，也有的人觉得自己被打垮了。产生不同结果的原因，一部分是由于每个人的个性不同，另一部分是由于各自习得行为的不同。有人天生乐观，他们的复原力自然根深蒂固。

前两章的熔炉故事有力地表明复原力是可以感受和学习的。获益于熔炉体验的人丰富了他们对领导方式的理解，并运用这种理解让自己去面对更多的熔炉。这样他们就可以不断学习、适应、提高。

这就是为什么我发现领导者都怀有执着的好奇心，都倾向于做个忘我的学习者。无论是工作还是生活中，他们永远都不会觉得无聊，总有新事物要探索，比如新技术、同事或员工的新思路、看待老问题的新方式等。他们能对接受的所有挑战进行提炼、磨砺，并提升对世界、对自我的认识。同时，在许多情况下，他们也将更深刻地认识到原来自己还有那么多东西要学。熟能生巧，正如下一章所述，多多练习甚至能够克服个人天生的局限。

CRUCIBLES OF LEADERSHIP

HOW TO LEARN FROM EXPERIENCE TO BECOME A GREAT LEADER

第 3 章

将熔炉融入生活，练习比天赋更重要

输赢所在，绝非观众可见，它取决于擂台之外、训练场内的不懈努力。这一切，早在我上拳台之前就决定了。

——穆罕默德·阿里

才智、教养、美貌，这些东西与你能否通过熔炉体验成长为领导者都没什么关系。天赋肯定会有影响，但它不是决定性因素。一个人与生俱来的天赋再高，也无法成为能够直面多变情况，超越任何挑战的领导者；适应能力再好，也不能保证智慧的宝石一定会从动荡的熔炉中锤炼出来。

持续学习和成长的领导者，其与众不同之处是他们的学习方法。我的所有受访者都表明，他们已经形成了自己独有的个人学习策略。借此，他们得以注意到熔炉体验伴生的压力，并知道如何控制这种压力，富有成效地解决遇到的每一个实际问题。但是这些领导者并不会等到熔炉出现才去提高这方面的水平。相反，熔炉已经成为他们日常生活的一部分。和体育、音乐或艺术领域造诣非凡的表演者一样，这些领导者练习时和正式演出时一样努力。由于他们大部分时间都在“舞台”上，他们必须拓展技能，并在表演的同时进行练习——不仅通过做来学，而且要边做边学。

实际上，将学习领导力之道与体育或艺术领域的学习进行对比是很有意义的。商业评论家往往认为，领导就是一种表演艺术。可是，关于领导者的表现是怎样与领导力实践联系起来的，是如何通过实践提高的，以及对演员进行评级的方法是否适用于评价领导者等问题，在以前的文字资料中往往语焉不详，缺乏深入的调查研究。

本章将更深入地探讨对领导者和对表演艺术家的培养教育。你会发现两者之间一些惊人的相似之处。更重要的是，你会找到关于有抱负的领导者如何利用熔炉体验，促进自我成长并改善表现的更多的启示。

领导力需要练习

天赋通常不足以解释能成为杰出表现者的原因。比如国际象棋大师，他们与初学者的区别并非他们天赋异禀，记忆力惊人，或大脑的构成方式有多么不同，而是因为他们拥有被研究人员称为“熟悉招数的丰富库存”。换言之，他们经历过更多场比赛，因此见过更多样的棋局、拥有更多策略。当然，大师们也不可能什么都见过，但他们掌握了被心理学家称为组块（chunking）的方法：从大量离散的数据中提炼出少量信息。技能的提高得益于经验的积累和训练，因此他们判断情况又快又准。

佩恩和特勒是拉斯维加斯的头牌演员，他们将喜剧与魔术结合起来，揭示魔术师是如何创造出魔术效果的。他们会把观众请到幕后了解魔术的基本知识，从而帮助观众理解魔术师是如何实现心电感应或者空中悬浮的。他们展示了魔术非常重要的一面，同时我认为，这也是领导力之道的重要方面：魔术手法与魔术表演不能混为一谈。掌握手法是表演魔术的前提。领导也是一样，表面的领导手段并不是领导力，尽管你可能掌握了手段，但只有运用自如的人才能成为领导者。

演员凯文·斯佩西（Kevin Spacey）是伦敦老维克剧团的艺术总监，曾获托尼奖[①]和奥斯卡奖。他是将演出比喻成走钢丝的舞台演员之一。他说：“直到观众此时此地相信舞台上的演员就是其在表演的角色时，演员才与观众有了共鸣。表演就像走钢丝，需要大量的训练。如果你脚下一滑，失足坠下，你就会失去观众，甚至丢掉工作。”

可演员无非就是背台词、表演，而组织的领导者天天要面对可能发生的突发事件和上百个股东随时都急着要见他的考验。两者之间似乎没什么关系，不是吗？

那可不一定，来看看迈克·埃斯丘（Mike Eskew）的例子。埃斯丘是全球最大快递公司之一 UPS 的首席执行官，他采用新技术和新的工作方式引领了一场全球快递行业的革命。我问他为何能在如此复杂的行业里保持领先，他的答案和斯佩西的如

---

① 美国话剧和音乐剧最高奖。——编者注

出一辙：“我会与别人聊天，问问他们哪些做法可行，哪些不可行，我会从中学到很多东西。而且我总会提醒别人我深信不疑的一点，那就是我们公司的人都十分特别、正直。我们可以让顾客体验更好、促进人们的交流，使业务运营得更顺畅、生产线更流畅，我们还能救命。当然，如果我说自己没有天赋，那就是在撒谎，但我确实从经验和技能练习中学到了很多。”

像埃斯丘这样的领导者，都会投入大量精力去练习。你或许很少会在有关领导力培训的领域里听到“练习”这个概念，但在培训医生、运动员或音乐家的领域可不是这样。举个例子，外科医生阿图·葛文德（Atul Gawande）① 在他的医学教育报告中曾强调练习的核心作用：“人们往往以为必须手指灵巧才能做外科医生，其实并非如此。我在参加外科医生面试时，并没有人让我做缝合伤口或其他关于灵活性的测试，来检查我的手稳不稳……面试官说，他们认为做外科医生最重要的是要认真勤奋、踏踏实实，坚持每天练习、经年不辍。”

然而，在企业中，经常练习的员工往往被认为是不务正业。有的管理者还会抱怨：“我没时间练习，我必须一直上场干活。”但如果你没时间练习，我很难想象你如何改善自己的工作表现。因此解决方法只有一个：如果你没时间练习，而又想改善表现，你就必须学会在表现时练习。

① 白宫最年轻的健康政策顾问，影响奥巴马医改政策的关键人物，荣获美国最佳科学短篇奖等奖项，其著作《最好的告别》《清单革命》由湛庐策划，分别由浙江人民出版社、北京联合出版公司于 2015 年和 2017 年出版。——编者注

发现领导力教学的新模式

目前，将体育与商业状况进行类比的方式相当流行。不过大多数退役运动员和教练写的书里，在谈到培养领导者的核心问题时，让我总有种隔靴搔痒之感。他们经常提出这样的问题，比如：杰出的表现者和教练是怎么取得成就从而声名远扬的？他们如何从经验中挖掘出可运用自如的智慧宝石？为什么有些教益，别人容易忘掉，而他们还能记得？他们如何适应身边发生的变化？

问题不在于将企业或政府的领导者与运动员或艺术家进行比较这件事，问题在于如果我们仅仅看重结果，比如只专注于锦标赛、一流演出或高明的策略，而忽视了成就结果的过程。加州大学洛杉矶分校的退休篮球教练约翰·伍登向我强调过一点："胜利是准备工作的副产品。我和我的年轻球员讲，我的工作是在平时给他们训练，而他们的任务是尽其所能去打好比赛。"

伍登教练率领的篮球队，12 年间拿了 10 个全国锦标赛冠军，其中包括七连冠。杰出运动员的特点就是他们会不断提高自己，而伍登身上也反映出这一点。当我问他觉得自己什么时候掌握了做篮球教练的窍门时，伍登回答说："其实一直都没有，我只是希望作为教练，我能一年比一年好。10 年前退休时我在想，我是否明白了自己 20 年前不知道的事情。"

表现，尤其是高风险的表现，不能侥幸为之，无论是打体育比赛还是做商业领导者都是如此（见专栏“练习与演出”）。因此，严谨专注并致力于改进个人表现是专业的表现者所必需的素质。如果说做好准备是充分利用熔炉体验的重要前提，那么领导者就必须和优秀的运动员一样做好准备，像抓住商机一样抓住学习机会，来提高组织绩效。

练习与演出

每当听人说自己忙得没时间提高领导力时，我就会问对方有没有什么爱好。通常人们一谈起自己的爱好，总是神采飞扬。这时候，我会问个傻问题：“这些爱好，你是天生就会的吗？”“当然不是了。”对方回答。我就接着问：“那你是怎么学会的呢？”而这个问题的答案虽在意料之中，却依然很有启发性：买书、上培训班、请教练、找到兴趣相投的同伴、相互交流分享、学习专业知识、购买更好的装备、投入更多时间、没完没了地讨论，以及练习、练习、再练习。那么他们练什么呢？舞蹈的步伐、高尔夫的击球姿势、绘画的笔触、葡萄酒的辨味、和弦指法等。一旦拥有了构成爱好大厦的一砖一瓦，你就是行家了。

练习与演出密不可分。正如博物学家黛安娜·阿克曼

（Diane Ackerman）[1]所言，如果演出是大脑运行和学习的方式，那么练习或许正是其中的关键。钢琴师、高尔夫球手、舞蹈家和魔术师都在不断练习。为什么？因为他们意识到练习是一个融会贯通的过程，也是实验的过程。音乐家和舞蹈家特别重视肌肉记忆；魔术师拨弄或藏起一张纸牌这样看似轻松的简单动作，实际上已经经历了千万次的反复练习。练习时你可以随心所欲地开始、停止，再重新开始，不会打扰别人。你会知道自己哪些做得好，哪些做得不好。

人们练习时具体都在做什么呢？基本上是两件事。首先，他们要掌握演出构成的基本动作。比如令观众赞叹的魔术效果，也不过是基本动作的组合。魔术师所做的并不是变戏法，他们只是熟练掌握了基本动作，能轻松自如地使之连贯起来而已。

其次，人们在练习时常会发现新奇、隐秘、令人着迷的东西。几乎所有的受访者都承认，通过认真练习，他们在演出中发现了更深刻的意义。一位在大学研究中心担任领导者的教授告诉我，当她重新开始去上已经中断了 20 多年的大提琴课时，她发现了练习的价值。虽然过程艰苦，却让她很有成就感，喜悦感也随之而来，而这些都是她年少时从未感受过的。

---

① 黛安娜·阿克曼集诗人、作家、博物学家等身份于一身，获得过众多奖项，如古根海姆奖、拉文诗歌奖等。她著述颇丰，在众多领域中成绩斐然。——编者注

从这些访谈中能得出一个教益，那就是学习任何知识，包括领导力，都需要有求知欲，以及练习、练习、再练习的毅力与自律。

关于专家表现的研究，促使我们拓展思维，不再局限于领导力教学的传统模式，即单纯增加控制时间、增强责任感和强调权威的模式。毫无疑问，研究的规模和范围都很重要。不过当前的研究并没有论及领导者自身的成长轨迹。以表演艺术打比方，驱动杰出表演者的是其深层的愿望，而且他们事业的每个阶段都需要教练，这样才能从各种各样的经验中发掘出灵感和知识；他们也必然要经过艰苦训练，因为保持稳定就意味着停滞不前。

关于专家表现的研究，不是去争论“领导者是天生的还是后天养成的”这类老问题，而是提供了基于实证的指南，证明通过精心设计、有目的的活动，能推动人们改善表现。此外，专家表现的模式也从过度依赖于天赋测试和发展性任务的完成，转到利用工作内外经验的活动中。同时，这些专家表现的研究也表明，个人学习策略在杰出表现者的成长过程中起着重要的推动作用。也就是说，就像十项全能运动员或小提琴手需要量身定制适应专业要求和身体、心理素质的培训计划一样，领导者也需要个人学习策略来指导他们，帮助他们及其所在的组织寻求适当的学习和成长机会。

新手、老手与高手的差异

如何将表现提升一个层次，是专家表现的学习者关注的核心问题，更是领导者应该关注的重点问题。研究表明，成就水平可分成以下几个层次（见图 3-1）。

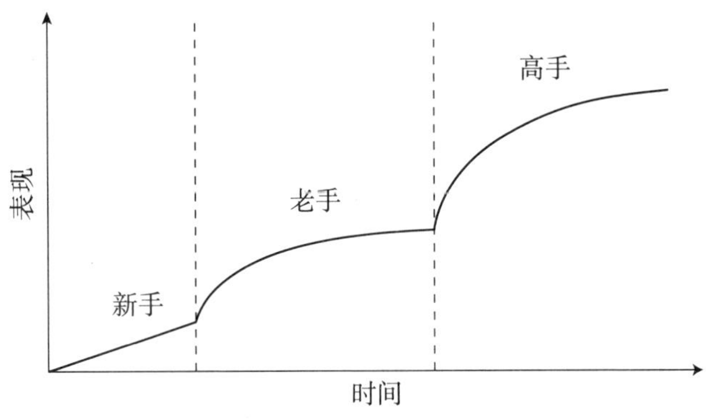

图 3-1 成就水平的层次

新手是技能有限的初学者。无论多有才华，多有雄心，多么积极肯干，他们在方法和技巧方面都需要明确的指导。老手已经掌握了关键的技艺，但是往往会被某种风格或流派所局限；虽然在某些特定的风格或流派方面，他们可能表现得很出色，但他们通常不会去革新。而高手，则展现了最大的能力范围和独创性；他们是革新者，扩展了某种风格或流派的边界，并超越了限制；高手几乎都是自我激励者，尽管别人认为他们的表现已经臻于完美，但他们总是视自己为初学者。

这些区分方式与领导者有关系吗?

有，两者在两方面有关联。首先，新手、老手和高手如领导者一样，可以从表现结果上被明确区分开来。观众和评论家都能够分辨出他们的差别，不仅是划分为“有前途”或“有潜力”而已。即使是以任何客观方式都很难判定好坏的表现上的差异，评论家和市场也会给出最终定级或者定价。

其次，新手、老手和高手最重要的区别是适应和创新能力。显然，这些因素对领导者来说也同样关键。比如音乐表演领域的老手或许可以一直表现出色，但无法在不同流派间挥洒自如，或无法新颖独到地诠释剧本、乐章。

表现结果、适应能力和创新能力同等重要。从表现层面来看，领导力高手的定义与本尼斯和我在《极客怪杰》中提出的定义相似：领导力高手能够终身学习，能够适应变动的环境，从而获得优异的结果。领导力老手的行为模式总是千篇一律。比如有些乐队的乐手，银幕上从没演过主角的演技派演员，半职业的棒球选手，他们或许已经拥有了不起的成功经历，但这些成功都不用他们超出当前的能力范围去发展。他们会找到一个变动不大的领域，或离开已经发生变化的环境，换到适合自己的地方。很多高管和首席执行官都会这样做。当情况突然发生变化，这些领导者就会退到其他能够发挥自己的优势而不暴露自己弱点的组织中。而对于有抱负、积极进取的领导者而言，这就是失败。

高明优秀的领导者，就像毕加索、老虎伍兹、玛莎·格雷厄姆（Martha Graham）[①]，都在不断延伸他们的领域边界，这样对其共事者和竞争者而言，标准也提高了。他们不仅在环境变化时表现优异，也养成了自我升级的习惯。无论时代如何风云变幻，他们通常都能在自己领导的组织中，通过长时间的努力获得杰出的成就。

举例来说，悉尼·哈曼带领他的音响公司哈曼国际，花了多年时间从模拟技术转移到数字技术。后来他回忆道："我想做的，是我觉得无论自己是不是领导者都应该做的事情，那就是时刻注意这个世界正在发生的变化。这个世界需要我们去参与并努力理解、诠释。"

领导力进阶必备的五个要素

领导者并不是光靠天赋就能做的。杰克·尼克劳斯（Jack Nicklaus）[②] 并不是天生就能在高尔夫比赛中独占鳌头。杰罗姆·罗宾斯（Jerome Robbins）[③] 也不是注定会在舞蹈界独领风骚的。根据专家表现的研究，一个人在从新手到老手的过程中，有四个要素不可或缺：掌握方法、有进取心、能给予指导和提供反

---

① 美国舞蹈家和编舞家，被称为现代舞之母。——编者注

② 20 世纪六七十年代风靡美国高尔夫球界的知名选手。——编者注

③ 美国编舞者、导演，因其在百老汇舞台上的舞蹈而闻名，曾获得 5 次托尼奖和 1 次奥斯卡最佳导演奖。——编者注

馈。而第五个要素就是用心练习。用我们的话说：个人学习策略是成为高手的秘诀。

掌握方法

如果一个人没掌握某个专业领域的基本方法，即使天赋异禀，他所取得的成就也是有限的。这里的方法是指要获得社会公认的理想结果所需的知识和技巧。在魔术界，这些方法被称为“动作”；在音乐界，它们是构成音乐大厦的砖瓦，即和弦与音阶；在芭蕾舞界，就是指基本“姿势”。如果没有掌握方法，你就可能会把宝贵的时间浪费在去发明其实已经存在的方式方法上，在试错的挫折感中消磨了雄心壮志。

摇滚名人堂得主、吉他手埃里克·克莱普顿（Eric Clapton）回忆了他自学时遭遇的巨大挫折：“当我拿起一把六弦吉他时，我都不知道该怎么调音。那时我太自大，不愿买那些弹吉他的入门书，所以我不得不自己给吉他调音，然后把手指按在不同的品格上，尝试弹出和弦……我是完全凭感觉摸索出来的，可事实上实现这一切的方法早就有了。”对克莱普顿来说，他花了比预想的多得多的时间来学习这些基本知识。虽然他的确发明了一些方法，但这些方法不一定就是最佳的，而且占用了他太多宝贵的时间。

根据专家表现的研究，掌握方法所需的知识十分容易获得。比如，要了解音乐界，就必须研究不同作曲家的作品和风格。猫王研究了福音音乐和蓝调音乐家比・比・金（B. B. King）以及弗里・刘易斯（Furry Lewis），打下了当时最具创新性音乐风格的坚实基础。后来，猫王的天赋加上他对节奏布鲁斯以及乡村音乐的深刻理解和不懈练习，使他开拓出新的音乐类型：摇滚。猫王将自己的音乐成就归功于对音乐渊源的探索，而非自己的天赋。类似地，国际象棋选手们强烈要求建立一个海量数据库，以分析大师的棋路，丰富他们的招数积累。

很多表演艺术和运动项目都有一个共同的特征，那就是设有“练习场”。音乐家、舞蹈家、艺术家和建筑师都有自己的工作室。演员有排练场，专业运动员则有名副其实的练习场地，航空公司飞行员和核电厂的操作员也会用模拟器进行细致集中的、有目的的练习。为了彻底掌握方法，这些练习必不可少。

牢固掌握方法与领导力的提高显然是相关的，但前者对后者的影响很复杂。人力资源部门和领导力咨询公司都是好地方，在那里，你能找到领导者应有能力的说明和领导者必须掌握的基本技能的清单，比如观察、聆听技巧，自我意识，沟通能力和解决争端的能力。这些技能与佩恩和特勒在魔术研究中那些引人注意的手法类似。技能本身不能形成领导力，只有你掌握它们，并能够灵活组合运用，才能形成好的效果。

不过，能列举出这些技能并不等于你就可以创造条件掌握它们了，无论是新手、老手还是高手，人们对于领导者应如何掌握这些技能，往往不甚明了。最重要的是不仅要列出构成领导力的基本技能，同时也要说明如何在工作内外系统地练习这些技能。

进取心

要想保持优异并持续学习，进取心和天赋一样必不可少。一般来说，对成就的渴望也能催人奋进，度过刚开始学习的尝试期。业余选手的英语“amateur”这个词，来源于拉丁语“amare”，意思是热爱。在学习初期，通常支撑你的是你对事物一定程度的热爱。而进取心则是给你的热爱添上一把柴。创作歌手约翰尼·卡什（Johnny Cash）① 回忆起他 17 岁时的一天，他跟着父亲伐木回来，正在家门口唱歌。他的母亲看到他感到很惊奇：“是你在唱歌吗？”然后她拥他入怀说：“你一定是上天的杰作。”

和天赋一样，单有进取心，并不能保证一个人表现出色。对成就的渴望或许能让你走得很远，可它很难帮你超越自己。因此，艺术家必须学会调整自己的进取心，其中很重要的一点就是注意提升它的程度，因为进取心往往会因为一个人反复练习而被削弱。对新手和许多老手而言，坚持不断练习是为了提高演出时的表现水平或单纯赢得比赛。当然，比赛和公开展示的机会可以对练习的程度有短期刺激。但在练习真正成为正式表现的一部分之前，即在艺术家认识到应该对练习、排练、演出一视同仁之前，人们常有的惰性就会把进取心消耗掉。

① 美国乡村音乐创作歌手，多次格莱美奖得主，被公认为美国音乐史上具有极大影响力的音乐家之一。——编者注

专家表现的研究还表明，在许多领域，人们都需要 10 年以上的潜心练习，才能达到专家的境界。因此，对曾经中途放弃过很多爱好或运动的人来说，练习显然是一件苦差事。想要提高水平的渴望，并不足以抵挡单调重复的折磨。就算努力终于获得大家的认可，你也不能停歇，还得继续练习。而即使你的心里有远大目标，但如果一直尝不到胜利的甘露，枯燥乏味的重复练习就会立马使你的希望枯萎。

人人都希望能从新手跨入高手的行列，实现这种进步需要的投入，远比赢得一场比赛要多。这可能意味着要找到洞察研究对象动态的方法，或者要面临打破常规的挑战。在詹姆斯·钱皮（James Champy）和尼汀·诺瑞亚（Nitin Nohria）① 对领导者的研究中，他们提出了进取心曲线的概念。这条曲线开始于一个想法，经过一个人的艰苦努力，到达成功的峰顶，但是最终必定会下降。对于艺术和领导力领域的高手，以及那些曾有过成功经历的老手而言，他们的挑战在于要重复这条曲线：首先要放弃那些已经发挥不了用处的想法或模式，接着去探索并掌握新的风格或流派。

我们再来看看梅奥·沙特克（Mayo Shattuck）的例子。沙特克在加入联合能源集团（Constellation Energy Group）的董事会成为首席执行官之前，在德意志银行工作。那时他已经因其强

① 詹姆斯·钱皮是当代杰出的管理和企业思想家，公认的研究业务重组、组织变革等管理问题的世界权威。尼汀·诺瑞亚是知名领导力学者，哈佛商学院第十任院长。——编者注

烈的进取心、不凡的分析技巧以及大胆的想象力而崭露头角。在一个经济环境剧烈变化的年代，接管一个有 150 年历史并且以保守著称的公司，着实是大胆之举。但沙特克深信，组织的表象之下蕴含着人力和财力的巨大潜力，他希望释放这些潜力。当然他也知道，没有自上而下的改变，根本做不到这一点。他必须培养经理人们的竞争意识和商业素质。于是他从公司以外聘用人员，而且更注重其工作能力，而非行业背景。

这些变革效果卓著。沙特克的进取心使公司业绩在动荡的经济环境中高歌猛进。不到 5 年时间，联合能源集团不仅创下了好几个季度连续赢利的纪录，而且公司各方面都取得了长足进步，这次的华丽转身堪比杰克·韦尔奇（Jack Welch）曾使通用电气起死回生的经历。

就掌握方法而言，进取心与组织中的领导力也有关系。然而，如果从专家表现的视角来看领导力，我们会发现一些很有趣的转折情况。其中最关键的是进取心的内容及其形成过程。在一个人的职业生涯早期，他的进取心很少受人质疑。当然，面试的时候，面试官会例行公事地询问应聘者 5 ～ 10 年的计划是什么，但很少会问他们想怎么生活，想给别人什么样的印象，想给这个世界留下些什么之类的问题。这些问题常常是当一个人身处熔炉时才会提出的。面试中不问这些问题实在有些可惜，组织本可以通过它们更深入地了解未来的领导者。而且，这些问题也能迫使年轻的经理人自问是否真的想成为领导者，以及背后的原因。如果缺乏这样的深刻反思，进取心会让一个人变得只专注于“获胜”。

无论如何，为避免停滞不前，组织要帮助成员明确和发展他们的进取心。人们如果希望成为优秀的领导者，就需要想办法提升自己的进取心。这个话题我们会在后面的章节中再详细探讨。

指导

伟大的老师或教练会带来丰富的经验、客观的眼光，能够配合学生的个人节奏和学习风格因材施教。那些成就卓越的人总是会寻求他们能找到的最好的老师。让我们来看看女演员朱迪·福斯特的例子。她 12 岁时就已经入行近十年了。当她因为在《出租车司机》(*Taxi Driver*)中的出色表演而获得奥斯卡金像奖提名时，她把荣誉归功于一同演出的演员罗伯特·德尼罗的指导："直到我见到了罗伯特·德尼罗，我才明白表演没那么简单，不仅仅是扮成木偶而已。"她回忆道，德尼罗会把她带到西班牙哈林区的咖啡店排练台词。在那儿，他们可以沉浸在剧本所描述的社会背景中。福斯特说："我当时还是个孩子，而且已经熟悉自己的台词了，所以那时就觉得很无聊，因为我得一遍一遍地和这个大人对词。但后来他开始即兴发挥，我突然明白，即兴发挥其实就是对台词已经熟悉到了你可以脱离它去演绎的程度，好像你真的就生活在剧本之中，并且可以以自己的方式演绎一样。这是很多年轻演员不懂的道理。"

这种关系往往是双向的。聪明的学生也知道如何让优秀的老师更上一层楼，他们可以吸引、争取，或者像心理学家罗伯特・凯根（Robert Kegan）[①] 所说的，去“招聘”导师，不仅会说服导师对他们进行指导，而且还能使导师使出全力。门生的诚挚、痴迷恰恰会鼓励导师，调动起他们的热情。

迈克尔・克莱因（Michael Klein，花旗集团前高管）的导师是他的祖父。他的祖父放弃了通用汽车公司的蓝领工作，带着 5 000 美元的积蓄，买下了一家开发数字绘画装置的小公司。经过 3 年时间，公司业务拓展了，雇员人数也从 5 人发展到 800 多人。克莱因向我们回忆起其祖父是如何传授给他知识和信心，使他在 19 岁时成为百万富翁，后来又成功担任几家互联网公司首席执行官的。一天，祖父把年轻的克莱因叫到一旁跟他说，他想留给克莱因的不是钱，而是他在生意场上得到的各种教益：“我会告诉你你想知道的一切。”从那天起一直到祖父去世，两个人每天至少会打电话聊 1 个小时，祖父出差时也总带上他。“我在观察是什么驱使祖父热衷于经商的。在某种程度上，这开启了我的好奇心和求知欲，更想了解他怎么能做到这一切的。”克莱因说。

的确，对所有追求卓越的人来说，导师始终是成功方程式的一部分。专家表现的所有因素中，获得指导似乎与组织的领导力最为相关。毕竟企业每年光是在领导力培训上的花费就达数十亿美元。不过，如果仔细研究就会发现，类似于专家表现所描述的

① 世界知名心理学家，专注于探索成人期持续心理转变的可能性和必要性。其著作颇丰，其中《变革为何这样难》由湛庐策划，中国人民大学出版社于 2010 年出版。——编者注

那种指导的培训却相当少。有经验的教练能够为棒球选手进行现场评估和反馈，但组织中的管理者很少能得到这样的指导。

高管教练是人们熟知的一种职业，从业人数正在迅速增长，可他们通常是只保留给高层管理者的“奢侈品”。尽管企业还是受到商业周期的影响，但领导力培训的课堂教学和电子化培训的质量和普及程度都有所提高。可是，不管怎么说，DVD 无法教出未来的德里克·杰特（Derek Jeter，纽约扬基棒球队明星球员）和米哈伊尔·巴雷什尼科夫（Mikhail Baryshnikov，20 世纪传奇舞者）。

为年轻领导者做指导，并不只难在经济成本、教练供给的排他性或人数不足，它所面临的挑战与大多数组织中主动学习与领导者身份的对立关系相关。埃德加·沙因（Edgar H. Schein）[①] 指出，领导者的一大弱点是不敢当众承认自己在某些方面的无知。有的领导者甚至不敢承认自己不懂领导力之道。

反馈

反馈，尤其是即时反馈，对有志于表现出色的人至关重要。有些反馈会很明显，比如令人不安的沉默、雷鸣般的掌声，而更多的反馈是很微妙的。大提琴家马友友说，当受到同台演出的音

① 美国麻省理工学院斯隆管理学院终身荣誉教授，被誉为“企业文化理论之父”。其管理学领域经典著作《沙因企业文化变革领导力》由湛庐策划，将于 2021 年在浙江教育出版社出版。——编者注

乐家和观众的赞誉时，自己可以感知他们的情绪，然后随之调整自己的表演，来使他们有更好的感受。反馈能让表演者迅速作出调整，甚至改变风格来提升表演效果和观众的体验。

不过，反馈也可能代价昂贵，比如，让一个新手参与实际操作或比赛。这就是为什么波士顿红袜队的种子选手戴维・奥尔蒂斯（David Ortiz）会如此特别，因为他们会在比赛当中尝试调整，充分利用每一个学习机会。

反馈意见对组织领导者也至关重要，他们一样渴望知道自己干得怎么样。但是，即使是广泛应用的 360 度评估、员工调查、平衡计分卡等绩效考核方法以及能得出企业整体绩效数字的超级软件，都不能代替即时反馈的效力，无论提供反馈的人是一线主管还是首席执行官。事实上，对于雀巢公司包必达（Peter Brabeck-Letmathe）这样的首席执行官而言，一场振兴运动是不会产生长期有意义的结果的。然而，获得有效的反馈却是学习过程的关键。这就是为什么包必达以及之前提到的埃斯丘那样的领导者，会不断同最有可能先看到结果的人接触，这些人包括一线员工和顾客等。

那么，所有这一切加起来会得到什么呢？如果我们认为只要结合拥有天赋、掌握方法、有进取心、能获得指导、得到反馈这些要素就足以成为领导力高手，那就大错特错了。通向成为高手的旅途从来都不简单。你越接近领域的顶峰，越会觉得自己懂得很少。正如毕加索所说：“我花了整整一辈子学习怎么像个孩子似的去画画。”

而且，我们漏掉了通向成为专家表现者之路上一个重要的催化剂：个人学习策略的探索、应用和完善。

个人学习策略，成为高手的秘籍

许多表演者和领导者都对自己的出色能力浑然不觉。他们做起事情来虽然是个老手或高手的样子，却不知道怎么解释自己的行事风格，告诉别人自己是怎么学会的。少数有意识的高手可能也并不会把自己的方法称作个人学习策略，但他们都知道自己的风格与愿景是相结合的，是自己特有的东西，并且这是由他们的进取心驱使，根据自身特点量身定制的，都是为了获得最佳学习效果。持续适应与创新的灵感来源于个人经历、熔炉事件或其他人的工作和生活。

个人学习策略会被个人记在脑中和心里。每一个渴望成为高手的人，一定要仔细研究。

头脑中

对于个人学习策略的认知，也就是如何学习并且学好，这方面的启示会随时间不断积累。有时候需要你独自完成，有时候则是在教练和批评者的帮助之下完成的。

让我们看看平克斯·祖克曼（Pinchas Zukerman）的例子。祖克曼是以色列著名小提琴家，得过两届格莱美大奖，他担任加拿大国家艺术中心的音乐总监。作为小提琴天才，他的世界巡回演出场场爆满。一天晚上，祖克曼忽然意识到，虽然他现在很成功，但能达到目前这个境地，全是因为天赋。如果想再上一层楼，他必须有所改变。他回忆道："我必须更严格自律，过去我一直很松懈，所以必须进行严格的训练。"对祖克曼而言，他的个人学习策略脱胎于两个强烈的信念：第一，他需要有所突破；第二，这种突破要求他以新方式学习新事物。

再来看看迪伊·霍克（Dee Hock）的故事。他在 1968 年提出了全球电子化价值交换系统的概念，并为此建立了一个新型组织——一个分散式、无库存的，由世界各地的金融机构共同拥有的营利性会员组织。这个组织就是维萨国际，它由 200 多个国家和地区的 2 万多家金融机构组成。

霍克认为，这个新型组织的概念源于他对企业现有商业模式及部分领导者行为的反感。他特别提及了促使他探索另类组织形式的一段经历。当时他很年轻，在一家金融公司的偏远分公司当经理，有 3 名下属。他回忆说："大家平均年龄是 19 岁左右。我们把公司手册扔进了垃圾桶，开始凭常识工作，见机行事。两年之内，这个分公司的业绩名列总公司前茅，我们收回的坏账比冲销的还多。"

霍克接着说道："于是我们再也藏不住了，吸引了总公司的注意。因为我们不遵守政策，公司的铁拳伸了过来，把我们砸得粉碎。”霍克接着描述了这次经历是如何让他发展出自己对个人学习策略的独特定义的。他提到，这是一个阅读、思考、比较、分析、困惑，并不断质疑自己的现实过程。他补充说：“我一直在想，为什么我会觉得被组织压抑着，以及为什么在这个过程中我会变得郁闷。”

认识到任何表达形式都有界限，而个人可以通过学习超越这些界限，这一点刺激着祖克曼这样的艺术家和霍克这样的领导者走得更远。他们善于为自己设计成长路线，也明白无论是为了学习服从其他权威，还是要摸索未知的素材和动态，都必须通过熔炉体验的严峻考验。因为他们知道，这正是能让他们的艺术或事业继续发展的方式。

心灵中

个人学习策略的情感层面与理性层面一样重要。许多卓越的艺术家和杰出的领导者都认为，生活的灵感来自内心。老虎伍兹的比赛强度表明，获胜并不仅仅是智力活动。这个道理同样适用于音乐家，比如创作歌手保罗・西蒙（Paul Simon）就曾谈及他是如何将原住民的音乐节奏融入摇滚的。星巴克创始人霍华德・舒尔茨（Howard Schultz）也谈论过他想创建一家富有同理心的公司的愿望。这些人心中波涛汹涌的能量来源是想要有所作为的宏伟愿望，他们希望在世上留下永恒的纪念或遗产，被人们理解、认可。

心灵不仅是一个储存室，它还像一面透镜，一个人的感受和经验通过它被澄清、放大、解读和再造。艺术家经常指出他们生活中的重要事物和事件，以及作为他们灵感之源的他人生活中的事物与事件。比尔·拉塞尔是波士顿凯尔特人队的灵魂人物。这个球队曾无往不胜，在 13 个赛季中赢得了 11 次冠军。拉塞尔的灵感源自一个意想不到的地方：图书馆。他母亲帮他办了一张借书证，于是他花了大量时间看了几乎所有写文艺复兴的书。在家里，他会练习画自己看过的画。他说："我的大部分线条和尺寸是对的，但我意识到自己缺乏艺术家通常都有的鲜明特性、特色标志……最终我将从达·芬奇和米开朗琪罗那里学到的方式用到了打篮球上。"

有时候，指引心灵和意志的灵感之源是一个词或一种情绪。弗朗西斯·赫塞尔宾拒绝称自己为领导者，尽管她在美国女童子军担任正式的领导职务。女童子军最初成立时，只在宾夕法尼亚州有 30 个十几岁的女孩子，但是到赫塞尔宾从美国女童子军首席执行官职位退休的时候，这个组织的会员已经接近 80 万人。赫塞尔宾觉得最能概括她的目标和行事风格的词是"机会"，因为她经常发现自己围绕在机会当中。她牢记着管理学大师彼得·德鲁克曾对她讲的话："弗朗西斯，记住你的任务不是提供能量，而是释放能量。"她告诉我："所以我一直问自己，该怎么做才能释放别人的能量。而释放能量……你和我之类的幸运儿有很多机会。那么我们如何散播这些机会呢？怎样才能为那些不如我们幸运的人打开机会之门？它是一个更宏大的哲学问题。你不能只热爱工作，还要热爱生活。这种热情是不分公私的。"

在表演艺术领域，个人学习策略对于鉴别高手有着至关重要的作用，那么它是否在领导力培养上也有一席之地呢？虽然我会明确地回答说有，但我认为，真正的问题是领导力实践中是否有与个人学习策略相似的东西，这一点还不清楚。

领导力的学习者的确已经设计了许多有用的培训模式，力求兼顾心灵和头脑培养领导者的作用，并且思考这些作用随着时间的推移将如何变化，以及组织应该如何考虑这些变化。其中最重要的是要扩展到情商领域，关注自我意识。

然而，尽管领导力专家通常将商业与表演进行类比，但他们的很多领导力培训模式并不包括个人学习策略。所以，我开始相信，个人学习策略中有三个方面至关重要。第一，从经验中萃取深刻见解的方法。没有它，再有抱负的人也会错过从人生的各种挑战中学习、成长的机会，其中包括那些可以将人们造就为领导者的熔炉体验。第二，鼓励个人成长和适应变化的强烈志向。这种志向既是非常私人化的，也是很公开的。因为它的特异性，所以很难形成标准的课程。然而这种志向又能帮助整合个人学习策略。第三，用心练习的理念和方式。它们将学习和表现结果联系起来。虽然未必熟能生巧，但如果练习不能在领导力中占据受认可的中心地位，我很难想象新手怎么能变成老手或高手。

接下来的三章是本书的第二部分。这部分我会以非常方便、实用的方式，来探讨经验、志向与用心练习相结合会产生什么效果。

CRUCIBLES OF LEADERSHIP

HOW TO LEARN FROM EXPERIENCE TO BECOME A GREAT LEADER

第二部分

个人层面，创建个人学习策略

第4章

找出最佳学习策略的四个问题

学习不能靠投机取巧，只能凭借热情和勤奋。

——阿比盖尔·亚当斯（Abigail Adams）[①]

许多眼睛掠过草地，只有很少的眼睛看见了花朵。

——拉尔夫·瓦尔多·爱默生

① 美国第二任总统约翰·亚当斯的妻子。——译者注

我们已经考察过专家表现者的成果，以及它们如何转化到领导力的最高水平。可是，领导力高手的经历与你自己的熔炉体验有什么关系，你从中又能有什么收获呢？我想说的是，你可以获得一切。运动员、艺术家追求成功的努力和实践，正是企业、政府机关、社会团体的领导者所必需的。他们需要深刻全面地掌握方法，需要进取心来为自己加油，需要来自老师、导师、教练、团队、下属、伴侣的指导，还需要不断获得反馈。

可只有这些还是不够。对企业、政府机关、社会团体的领导者而言，所处环境在不停地变化，需要领导者关注的事情越来越多，每天都要了解新信息。同时，随着合作者和竞争对手的阵容变化，游戏规则往往也随之改变。如果想在这种环境中做到游刃有余，而不仅是勉强生存，领导者就需要一本操作手册，帮助他们决定调适的方式和时机，以及如何从纷纷扰扰中分辨轻重缓急，引导自身的学习和成长。

本章中，我会把对熔炉体验的研究和发现转换成为可复制的系统化流程，用来创建个人学习策略。我会展示如何在个人学习策略中运用专家表现的研究，通过调整来适应现代商业实践和个人的不同特性和志向。人力资源部和商学院提供了各种领导力培训课程和研讨班。尽管从这些活动中可以总结出个人学习策略，但个人学习策略并不只是一张检查表或任务清单。它是个人独有、可以单独实施的东西，由个人的愿景所推动。每个人都能利用适合个人的学习方式，从尽可能广泛的经历中获得深刻的见解，以取得有意义的成果。

这个过程从探索内在信念、动机和自觉能力开始，这些都是能让人成为高手，最终成为优秀领导者所必需的。真正的工作始于深刻的自我反思：你为什么做领导者，要达到什么目标？这就要求你坦诚面对自己的志向、信念和愿望。由此，你才会找到动机来源。把他人期望的喧嚣声关在门外，你就可以看到最有活力的、雄心万丈的自我。这样也会帮助你克服疲惫和承受挫折，以及扫清所有妨碍你学习和成长的小问题。最后，你要思考自己是从哪里，以及如何学到了生活中的重要之事。换句话说，你付出了什么才了解到这些重要的东西？你怎样学习效果最好？我们将逐一探讨各种著名的学习理论，帮助你评估自己的学习方式。

现在我们先从这个关键问题开始：你为什么想成为领导者？

问题 1，你为什么想成为领导者

约翰·加德纳（John W. Gardner）年轻时并不想做什么领导者，更别说管理了。然而，他在 2006 年辞世前，曾担任过美国前总统林登·约翰逊（Lyndon B. Johnson）的卫生、教育和福利部部长，创办了美国公共电视网络 PBS，掌管过卡耐基公司，第二次世界大战期间还做过海军陆战队军官。是什么促使了他想成为领导者的呢？

第二次世界大战期间，加德纳在美国联邦通信委员会做初级管理工作。他回忆道："当时，我的优秀管理技巧备受称赞。以前我完全不认为这是我的长项！但显然，我有做领导者的素质，只需要有一些生活经历使我意识到这点。"加德纳深信，生活就像是"你认为它是什么"与"它可能成为什么"之间的一场个人意识上的拔河，最大的挑战是不断更新自己，即使面临看似不可调和的对立面和约束。正如他所说："永无止境的学习和探索欲是一种生活和思考方式，也是一个人保持清醒，时刻做好准备的方法。生活不是坐火车旅行，你选好目的地，付钱买票，然后上车靠着椅背打盹儿就行了。它更像是骑自行车在陌生的地方行进，你要在座椅上不断调整平衡，确定前进的方向。这很艰难，有时也很痛苦，可总比一辈子总在打盹儿好。"

不先搞清楚一个人关注什么，就去评估其能力，是毫无意义的。脱离具体情境，去评估诸如"领导潜能"或"创意"之类的东西也是一样。一个始终要问的问题是：它与什么相关？因此，在我们谈论动机和技巧之前，首先要问，你为什么要领导？一个人为什么会寻求或接受领导者的重担呢？贯穿个人学习策略始终的核心问题是“为什么”，而核心人物就是你。这些问题，是要你自己来回答的。你正要打造一个容器，承载着你的志向和激情，它们可以成为你的盾牌，抵挡学习中不可避免的恐惧和顾虑（见专栏“你为什么想成为领导者”）。

你为什么想成为领导者

罗布·麦克纳（Rob Mckenna）和保罗·约斯特（Paul Yost）是波音公司领导力培训项目的早期开发者，他们曾将关注点转向了研究教区组织中的领导力挑战。他们发现，牧师面临的挑战，正是企业中很多一线管理人员熟悉的问题，比如怎么处理员工缺勤情况，如何获取资源让组织运行顺畅，以及如何在没有正式权限的情况下施加影响。

但是他们也发现，牧师和企业管理者在谈论领导力挑战时有明显不同。当问及牧师如何领导时，大多数人觉得很难回答，他们认为自己缺乏领导力和管理技巧的正规培训。而当问他们为什么想成为领导者时，他们却给出了许多理由：为人类服务，采取神圣的生活方式等。关于这个问题，永远难不倒这些神职人员。

企业管理者的情形恰恰相反。当问他们如何领导时，他们会连篇累牍地引用领导力的经典巨著，时而炫耀一些个人经验。而当问他们为什么想成为领导者，或者为什么想承担责任时，谈话往往会出现冷场。他们并不是被问题难住了，其实很多人最后会提到一大堆个人和组织的动机。只不过，他们关于职位的描述和个人志向之间一般不会直接相关。他们提出的原因有金钱、地位和特权，但是你不大会听到他们说是为了提高道德感，增进人类福祉，或创造美好事物才去做领导者的。

有人曾跟我讲过一个故事，说明明确想成为领导者的原因在培养领导力和学习中的重要性。一位弟子问大师："大师，为什么我不能像您那样看见和感受到神呢？"大师并没有当即回答。第二天，当他们浸入恒河圣水时，大师以一种特别的方式回答了弟子的问题。当弟子弯腰将头没入水中时，大师没让他立即起身，而是按住他的头，让他在水里拼命挣扎。最后等他终于从水里出来的时候，大师问弟子："你能做到像你在水下拼命想呼吸那样向往神吗？"弟子听了，马上明白了。

我们中有多少人的领导欲和求知欲，能像溺水者需要空气那样强烈呢？接下来有三个练习，可以帮助你理解自己想成为领导者的原因。

练习 1

你想要什么？

这个练习旨在让你更深入细致地回答为什么想成为领导者的问题。它会帮你明确志向，着手设定自己的愿景。更重要的是，它会帮你找到足够有吸引力的东西，当你努力学习却碰到困难时，让你始终坚定不移。在第 6 章中，你将看到它如何与你的个人学习策略直接相关。

准备一支笔、一叠纸，找个放松的地方坐下来。如果闭上眼睛可以帮助你排除周围的干扰，也可以这样做。慢慢做几个深呼吸，把心绪集中到这个练习上。先想想从今天起，你希望自己一年以后成为什么样子。不是想你现在的状态（即使现在的你可能已经处于很舒适的状态了），而是想象自己 12 个月后的最佳状态，包括你在工作中、在与朋友和家人相处时，以及领导他人时的最佳状态。将这个形象投射在脑海里，就像在银幕上放电影那样。花点时间琢磨这个景象：你看上去怎么样？感觉如何？你外表看上去和自我感觉之间有哪些差别？

慢慢地，请将自己从思考状态中退出来，把你看到、感觉到的关键点，立马写在纸上或者下面空白处。记下你所看到的、听到的、感受到的。

◎ **我想成为……**

	景象、感受、词语
最佳状态的我	

工作中处于最佳状态的我

与家人、朋友在一起时处于最佳状态的我

在做领导者时处于最佳状态的我

练习 2

你现在处于什么状态？

所有高尔夫教练或戏剧指导都会跟你说，必须先评估你现在的水平，才能知道你离想达成的目标有多远，从而明确应该选择哪些练习来加速你实现目标的进程。管理学大师彼得·圣吉把这称作“创造性张力”，用拉紧的橡皮筋来形容一个人的潜能。他认为，如果没有对个人当前实际情况坦诚地进行过评估，并将远大的志向作为参照，这种张力就不存在了。

因此，下一步练习是类似这种形象化的过程，不过这次我们要更清醒、全面一些，以最诚实的眼光来审视你现在的表现。这并不是要挑毛病，事实上你可能会发现，自己很多方面还不错，不过也不要去美化。注意记录你所看到的当前状态。你看起来怎么样？自己感觉如何？你怎么描述自己的表现？和上个练习一样，记录下这些景象。

再来看看自己的工作状态。想象你和同事共事的情景。你在哪里？你觉得大家配合得怎么样？大家跟你说什么，怎么评价你？然后再从不同角度来看这个场景。你所做的和自我感觉之间有哪些差别？把你想到的词语或景象记下来。

现在，想想你和他人一起做的工作。你有什么成果？无论是你的上司、客户、同事，还是其他关系到你和团队绩效的人，会如何描述你的表现？他们是怎样描述与你共事的？仔细观察你和团队所处的工作环境，你在哪里工作？对工作场所感觉如何？

再来看你的家庭生活。你和谁一起生活？他们看上去怎么样？你和他们说什么，他们又和你说些什么？体会你和家人、朋友在一起时的感受。在这里停一下，观察自己身在何处，如何生活，对目前的生活有什么感受。把这些景象和想到的词语记住。

最后，让思绪转向自己在做领导者时的场景。什么情境并不重要，只要是你在领导就可以。你在做什么？你在其中感受如何？整个过程是愉快的，还是令你害怕、兴奋、不适？你是在哪儿感受到这些的？当时你是在什么地方，什么情境中领导的？看看当时的你，你的领导有什么与众不同的地方吗？把那些景象和感受记下来。

再单独在一张纸或下面的空白处，记下描述你当前情况的景象、感受和词语。完成之后，将两张纸并排到一起。一张描述你在工作中，和家人、朋友相处以及作为领导者的最佳状态，另一张描述当前的实际情况。然后试着在脑海里想象有两个屏幕。一个屏幕播放的是你最佳状态时的表现，另一个屏幕展现的是真实场景。你看到区别了吗？感觉到它们之间的矛盾了吗？

◎ **我现在……**

	景象、感受、词语
在工作中的状态	
在与家人、朋友在一起时的状态	
在做领导者时的状态	

和潜能一样，这种矛盾张力也需要释放。不过这种释放不太可能自行完成。从当前的现实情况到最佳状态需要每个人刻苦努力，需要选择能加快实现志向的激励因素和学习方式。

练习 3

你需要克服哪些障碍？

在我们开始谈到动机和学习之前，请抽出几分钟想一想自己曾逃避过的或者阻碍自我成长的事情。这么做不是要让你感到沮丧，或者是证明你不行，而是因为没有人比你自己更清楚什么能让你分散注意力。一旦你写下令你分神的事情，它们就由烦恼变为需要攻克的问题或目标。除非你有了新的借口和托词，继续逃避，而一旦清醒过来，你就能实现原本看似不可能实现的志向。

传奇篮球教练鲍勃·奈特曾经有一句很贴切的评论：“人人都希望赢，可是没人愿意去训练。”对于有抱负的领导者，训练就是有效沟通、创建愿景，向同事和下属寻求有意义的反馈。因此，你要知道究竟是哪些事情阻碍了你提高自我。

但是，这些障碍不是你想克服就能克服的，你所面临的挑战没这么简单。而描述它们，至少能让你知道它们的存在。

最后，你可能想去尝试自己设想出来的，能在 12 个月里完成的事。当然，这些事要合乎情理，不要因为锻炼身体是你的目标就立即整装出发，突然去跑不可能完成的马拉松，而是要遵循编舞家泰拉·萨普的建议：开始行动就好。也正如美国社会学家霍华德·贝克尔（Howard S. Becker）向准备写博士论文的学生提出的劝告那样："动手写点什么吧……什么都行，只要开始就好。"

问题 2，你想成为领导者的动机是什么

既然你要回答为什么想成为领导者的问题，就需要检视一下更基本的动机，而这可能会涉及潜意识层面。

杰出的领导者通过练习获得技能。而领导者的志向、希望达成的愿景，是需要其强烈的个人动机来支持的。天赋无疑很重要，但正如我们所见，单凭天赋远远不够。动机是使你加速提高领导力的一大因素。因此，要明白能激励你的是什么，那些深层次影响你思维和行动方式的东西，会让你更容易发现合适的学习机会，尤其是熔炉体验中的学习机会。明白了自己学习的最佳方式和时机，将有助于你保持学习、成长的动力。

动机与志向不同。志向是指对于自己将会成为什么的设想。尽管这些设想提供了找出动机的宝贵来源，可它们并不等于动机本身。动机是诱因，或者说是一个人背后的欲望，很少会被探究，也常常显得含混不清，但是它决定了我们以何种方式行事。心理学领域中，在人们能否真正理解个人动机的问题上，存在着持续已久的激烈争论。尽管如此，我还是倾向于尽最大可能去探索个人动机，以深入了解人们种种行为背后的原因。我认为，人类并不是说不清、道不明的激情的奴隶，我们的动机是真实存在的，是可以被分析出来的。它会影响我们的思考和行为方式，且往往与我们的志向相一致。

事实上，许多研究动机的心理学家，包括美国知名社会心理学家戴维·麦克莱兰（David McClelland）及其同事和学生，都认为领导者的与众不同之处不是他们的行为，而是其内在动机，也就是其思考领导力的方式。一个人的志向会设想重要的细节、明确的情境，同样的志向也可以经由不同的路径来实现。比如你可能非常希望成为令人钦佩的领导者，成为常上《商业周刊》封面的熟脸。达到这个目标有很多方式：辛勤工作，创建一家公司，付出异乎常人的努力，找到微妙的会计方法抬高公司的股价等。

志向无法让人们明确知道自己是否能够实现这些目标。这种不确定性在两个层面上来讲是很重要的。第一，即使你花很多时间，找到了理想与现实之间的差距，你也不能保证你所谓的志向没有被外界社会的期望所影响或改造。比如，虽然 MBA 学生喜欢引用鼓励参与性和团队合作的领导风格的文章，可是我常常看到这些学生同时也在读像《源泉》（*The Fountainhead*）或《阿特拉斯耸耸肩》（*Atlas Shrugged*）[①] 这类崇尚个人主义的书。

第二，你可能会设想自己做一些你其实不想做的事。尽管人是可以改变的，比如思考、行为方式，但我从不认为改变是很容易的事。如果你发现待在幕后独自做些熟悉的事情会很舒服，那么你可能很难再走到台前，迈向未知的领域，和你根本不认识的人去合作。

这正是认真思考激励你表现的真正动机的原因。但是，对动机进行有效探索的工作已经远远超出这本侧重于从熔炉体验中学习的书所能涵盖的内容了。不过，在接下来关于学习方式的部分，人力资源部、管理发展咨询机构、大学教科书以及互联网，都提供了很多有用的评估表和清单，你能借此获得更多信息。流行的个性测试，比如 MBTI 性格测试或人际基本关系导向行为测验（FIRO-B），都能让人对思维方式、价值观和动机有更丰富的了解。

下面这个练习，可以用于评估你的潜在动机。

---

① 俄裔美国作家、哲学家安・兰德的作品。安・兰德推崇理性，认为人的最高美德便是理性。她不顾传统舆论的偏见，力倡个人主义，认为不能使个人利益得到最大伸张的社会就不是理想社会。——译者注

练习 4

寻找你的激情所在

想象一下，你忽然每周多出来一天，可以自己决定这一天干什么。请想想你打算做的两件事，哪怕是在床上大睡一天。确定这真的是你想做的事情之后，回答这个问题：这些选择有什么共同之处？

思考你的答案，会让你明白自己追求什么，又厌弃什么。你的选择，正是你在生活中很重视却缺失的，要去努力实现的东西。深挖下去，或许你能准确地找到一条更简单可行的领导者成长道路。以下这个例子，印证了这个道理。

格伦是一位优秀的管理人员。他 40 多岁，在硅谷一家软件公司工作。他曾和我谈起老板给他的一个挑战：更快地向市场推出更多产品。格伦负责的部门里软件开发人员居多，他们大都很有创意，用格伦的话说，是那种“对高压管理方式不感冒”和“对自居领导的人不买账”的人。格伦并没有采用高压政策，而是营造了鼓励创新的环境。可是后来他觉得自己得严格起来，加速实现一直被搁置的构想。他怀疑自己是否能够引导这样的变化，不知道是否能调整过来。

从很多方面来说，格伦遇到的问题就是典型的领导力挑战。他能按照外界要求改变自己的风格吗？格伦其实在问一个有关真我的问题，他作为一个人，作为领导者的本真而存在，能随意变换自己的领导力风格或技巧吗？于是我想探究一下他对自己作为一个人、一个领导者的核心定义是什么；在上级对他提出那个挑战时，究竟是什么让他感觉不舒服。

我问他如果每周多出来一天，他会做什么。他立刻回答说会和朋友玩帆船，与妻子和8岁的儿子去露营。我让他解释原因，他说这两件事对他来说是自由和人际联系的完美组合：“我可以驾船开往任何方向，去一个小岛，或者就是随风漂而已。这完全取决于我和我的能力。我可以任意选择。”他很喜欢和朋友、和大自然在一起的感觉，继续道：“那感觉就仿佛我们是一体的，像一群鸟在天空翱翔一样，无拘无束，却又亲密相连。”和家人一起露营的感觉对他来说也是如此：“在大自然里，我们远离城市的束缚，随意走走停停。全家人在一起非常亲密。”

这些回答能展示出他的什么动机呢？驾驶帆船、露营，显然是为了追求愉悦，但在更深层，这些活动让他可以体验自由、保持与周围人的联系。他重视争取和探索，并希望和自己关心的人一起去完成。通过自己的眼睛看世界，为自己的船掌舵，同时也与其他人一起欣赏风景，这些对他很重要。

这就是对他动机的完整评估了吗？当然不是。它并不会像心理测验或精神分析那样，提供深入彻底的解析。不过，一个简单的问题已经让他深深了解了什么对他来说才是真正重要的。谈话中，我们都觉得至少他还可以采取某种方式解决所面临的挑战。他说自己应该更关注目标，因为他和团队成员都沉迷于开发软件的过程，但对目标却不够重视。在他的人生哲学里，他信奉“旅途和目的地一样重要”。可现在，他总结道，强调目的地也是必需的。这不会引起太大压力，没有过于背离他的行为方式和自我认知。这是他能做到的事，就像他在船进入危险水域或忽然遇到风暴时去指挥船员，或者耐心鼓励家人坚持完成漫长辛苦的远足活动一样。

换句话说，他所面临的挑战并不是真的要求他的领导方式发生巨变，或背叛他深信的价值观，而是要求他转移重点，转向一种他在生活中熟悉的领导风格，只不过暂时没有把它应用到日常工作中罢了。认真想想如果有一段自由时间自己会做什么，这个问题促使他反思什么是自己真正喜欢的或做得不够的，并得出了结论：不必采用虚伪的或所谓铁腕的方式，他也能完成挑战。

现在，轮到你想想这个问题：你为什么选择在多出来的一天做这些事情？它们为什么吸引你？这些事情是你一直想做、想感受、想成就的，只是苦于没有时间吗？

你的想法影响你的行为

在我看来，使用最广泛、最实用的个人动机评估方式之一是由麦克莱兰及其团队设计的，它揭示了人类思考方式与行为方式之间的关系。针对行为，相对容易记录和观察，但想真正改变，却需要对引发行为的思维方式进行研究，即使这些方式无法立即显现，不易阐明。系统地分析、收集完世界各地上千个案例之后，麦克莱兰的研究小组得出结论：约 80%的案例都由以下三种社会动机组合而成。

- 成就——想要成功，或想把事情做好。案例中的表现形式是与自己赛跑，与别人竞争，做些特别的事去推进个人的职业生涯等。成就动机的特征包括喜欢独自工作，响应个人目标和激励，执行任务或实现目标过程中愿意适度冒险，处理人际关系则有些困难（低情商），并且寻求不留情面的定量反馈。

- 联系——关注友谊。表现形式是希望自己被喜欢、受人接纳，或喜欢参与社交活动。联系动机的特征包括偏好集体工作，响应团队的目标和激励，不太愿意承担完成任务和目标的风险，交友广泛，情商很高。不适应领导者角色，倾向于寻求针对个人的反馈，直接用喜欢或不喜欢来评价。
- 权力——关注影响力。表现形式是强有力的行动，喜欢激起他人强烈的情绪或关注个人的声誉、威望和地位。权力导向有三种类型：个人式、机构式和交互式。个人式权力导向的人总想指挥他人，这类动机往往不被赞许。机构式权力导向的人希望整合他人的努力，向组织目标前进；不过他们可能不喜欢向下属授权。交互式权力导向的人，喜欢从别人那里获得影响力，比如自己领导的团队组织。权力动机的特征包括拥有极高的情商，在影响他人的情境中愿意适度冒险，在需要完成任务的情境中只冒一点点险，能言善辩，偏好定性反馈，即使没有反馈或有负反馈，也能长期坚持自己的目标。

麦克莱兰的结论很简单：如果你想成为领导者，必须像领导者那样思考。在这个意义上，如果你的动机是人际联系或成就，你就不会像权力导向型的领导者那样思考。

当然，改变思维方式并非易事。戴维·伯纳姆（David Burnham）设计了一套独特的思维模型。根据他公布的研究成果，这套思维模型不仅能让人按预期行动，而且会导向理论预测的结果。该模型的核心是通过精心设计的训练改变人的思维方式，所有学习音乐、象棋的师生都不陌生，用心训练一直都是备受强调的方法。这些训练围绕着“讲述故事”进行，这些故事都含有与交互式领导的核心相一致的陈述和指导方法。

伯纳姆对这种方法的描述中，最值得注意的是自觉记录和清楚表达能驱使行为改变的思想。在“讲述故事”时，你表述着自己和别人，这样就不得不弄明白自己的思维方式。麦克莱兰及他人的研究发现，让专家描述他们的想法以及想法之间的关联并非易事，而且大多数领导者的行为是通过肢体语言表达的。不过，这样的做法可以帮助我们发现影响我们下结论或采取行动的深层原因。

语言表述和文字记录都会很有帮助。精神科医生鼓励患者表达出幻想，以深入了解患者的逻辑。专业人士，比如汽车设计师在讨论设计时常常会描述各种图景，把自己的愿望和意图外化到无生命的物体上。在我担任顾问出席设计评审会时，常常听到工程师说“我希望这辆车是……样子的”。

语言表述和文字记录的好处是它有助于获得具有主动意识的能力，即行动时你能知道自己在做什么，而且如果你愿意，你就能够去改变、试验、评估自己的行动，看它是否有助于实现你想达到的目标。

问题 3，你的最佳学习方式是什么

整本书我都在说，学习是领导力，也是成为终身领导者的重要组成部分。适应能力其实就是学习，每一次我提到它，我都会很小心地厘清个人适应能力和学习意愿、学习能力之间的联系。此外，达成共识、凝聚他人的能力，很大程度上在于理解他人的学习方式。

大多数人都知道自己的学习方式。有人通过亲身经历，有人通过阅读、观察。很多人意识到别人的学习方式可能与自己的不同，这些差异要求我们在教授信息和技术时，方式方法要灵活。请认真问问自己这些问题：我对自己的学习方式了解多少？我最熟悉的、最适应的学习方式和别人的有什么不同？

我是在教 6 岁女儿骑自行车之后才明白这些问题的答案的。当时我骑车把她带到了操场上。我自己觉得已经解释得很简单明白了："抓住把手，脚放到踏板上，让踏板平稳匀速地转动，然后找个前进的目标，比如远处的矮树，你就看着那棵树，别担心路上的东西。"女儿一向很乖，她点点头表示明白了，便咬紧牙关，盯着树丛。我扶着她的椅背，轻轻推了一下。她前进了大约 3 米就停住了，前轮晃个不停，最后她摔了下来，膝盖都擦破了。我帮她擦擦眼泪，让她接着再来，然后重复之前的指令，再次强调踏板动作。

这次她骑了 6 米左右，又摔倒了，这下她哭得更厉害了，开始踢座椅。我的妻子一直在旁边静静看着，这时她走过来，问我能不能让她来试试。我说："好啊！"但一点儿不相信她能做得更好。她只是看着女儿的眼睛说："你看，我就跟在你边上，扶住你和自行车，你觉得准备好能自己骑了就告诉我，我就放手。"她们开始前进，慢慢穿过操场。妻子时不时问女儿："你觉得准备好了吗？"一开始，女儿摇头。然后在试第 5 次还是第 6 次时，女儿试探着说："我想可以了，妈妈。"妻子便放开手，让女儿向前骑去。虽然有点摇摇晃晃，骑得不够直，但她能自己骑车了。

这个故事让我明白，虽然我对学习有强烈的兴趣，可是我忘记了三项基本原则：第一，女儿的学习方式和我的不同；第二，我不像我妻子，没有配合女儿的学习方式来调整我的教学方式；第三，直到这次事件后我才意识到，事实上我并不了解我的教学方式。教学方式其实对制定个人学习策略非常重要。

后来我发现，对学习存在误解的人并不是只有我一个。借用当代管理理论大师克里斯·阿吉里斯（Chris Argyris）的说法，流行的学习理论也只是口头上强调将学习环境和技术与不同的学习方式相匹配的重要性而已。但实际上，许多教学方式正如哲学家保罗·弗莱雷（Paulo Freire）总结的教育储存模式那样：只是向学生一股脑儿灌入事实和方法，保存起来备用。时至今日，很多小学、中学，以及其他专门的教育机构，仍在采用这种模式。我成为博士后的头十五年在一些大学任教，经常给学生布置作业，让他们每周读几百页书，期望他们能复述出我说过的或一些圣贤写过的东西。可老实说，我知道自己也不喜欢读好几百页书，甚至一点都不后悔上大学时没好好读那几十本原本要读的书，因为只要看上几页晦涩的学术论文，我就忍不住要打瞌睡。但当我教学时却坚持传统，要向学生灌入事实和方法，默认只要他们认真听课、读书、做大量笔记，就会学到知识。我知道这不是我的学习方式，却成了我的教学方式！

问题是，如果要发展个人学习策略，那么必须明确你的学习方式，以及怎样学习效果才最理想。一旦明确了学习方式，你就可以充分利用现有资源，无论是班级课程或研讨会，还是在职培训或熔炉体验。你可以马上做的一件事，就是回想一下最近是怎么学习的。

练习 5

想想你最近学到了什么？

请想想你最近学到的东西。不是诸如阿塞拜疆的首都是哪儿这种小知识，而是新技能、新发现。比如，你学会了新的烹饪方法、一门语言，或者你过去一直没有真正理解的组织行为。找到一个你确定自己学会了的新事物。它不必是某种活动，也可以是你认识到自己做事是什么方式。接下来，想想你是怎么学会的。是在什么情况下，你学到了自己以前不知道的事物？在个人层面上探讨这些因素，谁参与了你的学习，他们起了什么作用？正如我之前所说，学习的过程往往是孤独的，但很少能独自完成。

好在很多组织都会提供各种流行的学习方式评估方法。我强烈建议你做一做公司提供的那种动机测试。市面上也能找到很多其他工具。其中，戴维·库伯（David Kolb）[①]的学习方式量表使用最为广泛，而且成本很低，可以为你的个人学习策略提供丰富的素材。

库伯研究人们如何在学习中运用经验，在VARK模型[②]的基础上，增加了“效能”这个维度，即人们如何有效地将所见、所闻、所感转换成新的理解。根据库伯的研究，我们大多数人具有以下四种基本学习方式（见表4 1）。

表4-1 库伯的四种基本学习方式

学习方式	特征	偏好的学习情境
聚合	• 解决问题 • 作出决策 • 演绎推理 • 界定问题 • 符合逻辑	• 找到理论和想法的实际用途 • 处理技术性的任务，而非社会和人际问题 • 模拟、实验室实验、实际应用

① 美国社会心理学家和教育家，“体验式学习理论”创始人，2005年入选《世界名人录》。——编者注

② 新西兰知名学者尼尔·弗莱明1987年提出VARK模型。VARK模型是专门用来研究学习方法和教学方法的一种工具。该模型要求学生回答一份问卷，以衡量学生接收信息和加工信息的倾向。总共有四种倾向，第一种是视觉型，第二种是听觉型，第三种是读写型，第四种是体验型。——译者注

续表

学习方式	特征	偏好的学习情境
同化	• 计划 • 创建模型 • 界定问题 • 理论推演 • 有耐心	• 广泛了解信息，并把它们整合成简洁、有条理的形式 • 重视理论的逻辑性，知道逻辑性的价值超过实用价值 • 讲座、阅读、反思自省
发散	• 富于想象 • 善解人意 • 认识问题 • 头脑风暴 • 心态开放	• 观察，而非采取行动 • 需要能引出广泛的想法和信息的情境 • 在团队中工作 • 以开放的心态倾听他人 • 接受个性化的意见反馈
顺应	• 完成任务 • 主动领导 • 敢于冒险 • 有开创性 • 有适应能力，务实	• 从亲身体验中学习 • 经历新的挑战 • 需要勇气进行决策而非逻辑分析的情境 • 与他人一起工作来界定问题，找出解决方案

聚合、同化、发散、顺应，每种学习方式都只是一种理想类型，和麦克莱兰的动机类型一样，人们很少只属于某一种类型。为了便于讨论，让我们来看看这些学习方式之间的区别。

发散式学习的人，更适应处理开放性问题，需要在鼓励创新的情境中学习。聚合式学习的人，愿意将大问题掰开揉碎了，使其更合理，更易于处理。因此，在产品开发初期，在根本不知道最终结果会如何的时候，发散式学习的人发挥得最理想。对于聚合式学习的人来说，如果事情都在其掌控中，并且当他们有符合逻辑的新方法时，学习效果最好。

试试下面的练习吧，看看你会得出什么结果。

练习 6

库伯的学习方式

根据上面的描述，请先确定哪种学习方式最接近你的情况。然后看看与其相反的方式与你的有哪些不同。同化与顺应、聚合与发散都是同一个统一体的两个方面。相近的学习方式会与你的主要学习方式有些共同之处，并且我会在第 6 章提到，相近的学习方式和情境可以让你扩展自己原来的学习方式，相反的学习方式与情境则会带给你严峻的学习挑战。

不只是方式，也是立场

你的个人学习策略不仅表明你的学习方式，还表明了你的学习立场。这里的立场是指你对学习新事物的开放程度，尤其是面临巨大压力的时候。第 2 章谈到如何从熔炉体验中学习的问题，第 3 章深入讨论了对专家表现的研究。这两章都提及了当新的负面情况出现时，在高压状态下你可能会遇到的学习障碍。因此，仅仅了解自己在一切顺利时的学习方式还不够，你还得知道当学习机会以充满压力、令你不舒服、令人不安的形式出现时，你会怎么反应。当工作、生活中出现熔炉事件时，你的反应特别重要。

下一节，我们将详细探讨学习方式和熔炉体验的关系。你也可以用下面的思维实验来评估自己在压力下的学习方式。

练习 7

外星人测试

这个思维实验的主题来自两部电影：《独立日》（*Independence Day*）和《地球停转之日》（*The Day the Earth Stood Still*）。两部电影都描绘了人类对前所未有的、类似熔炉的事件的反应。片中有意图不明的外星人来到地球的情节。从总统到市民，人们的反应基本上分为三类：有人惊慌逃命，想到外星人就吓得要死；有人张开双臂迎接，觉得出现外星人实在是可喜可贺；还有些人漠然置之，觉得外星生命远远超出了自己的理性范畴，视而不见比努力理解要容易得多。

想想你可能会用哪种方式来应对外星人的入侵。你认为你的反应方式说明了在压力环境中，你处理新信息的能力如何？这个练习的目的不是去评判你的反应，而是让你能洞察自己，帮你了解你偏好的学习方式。与前两个练习联系起来，它还有助于你确定自己的学习优势，也就是在哪里以及在什么条件下，你才最有可能去挑战根深蒂固的事情，而这些事情原本让你感觉舒适，却使你无法适应变化。

问题 4，你的熔炉体验是怎样的

到目前为止，本章中我们用了三个步骤来帮助你探索内心的信念和动机。现在直接探讨一下，这些想法与你从自己的熔炉体验中学习有什么关系。

当你回想自己的经历，同时比较我引述的那些故事，思索你为什么想成为领导者，你自己的志向和动机是什么，以及你如何领导时，其实你已经在默默消化最影响你的领导经验了。现在，让我们把它们带到台面上来说。

下面这个练习要求你回忆并分析自己的熔炉体验。练习的设计使你可以快速找到关键性观点和假定，请把它们记录下来，作为下一章的数据和参考。完成这个练习，对第 6 章中设计自己的个人学习策略特别有帮助。

练习 8

你的学习生命线

在《极客怪杰》一书中，我和本尼斯请受访者画过一条生命线，时间为从他们出生到采访当时，让他们沿线标出塑造他们成为领导者的关键事件或人际关系。现在你来试试吧。找一张大点儿的纸，因为可能做完这个练习后你自己都奇怪，怎么会回忆起那么多东西。

画完后，看看你的线，挑出你觉得是转折点的三四处，就是它们让你真正了解了对自己来说非常重要的东西，是它们影响了你的领导方式。然后再找一张纸，针对每段熔炉体验，回答以下问题。

- 关于自己，你明白了什么？或者得到了什么启示？
- 这是什么类型的熔炉？（新领域、逆境、悬置，还是综合在一起的类型）
- 人、机构、想法、资金等，是什么样的资源帮助你度过这个阶段，或帮助你学会你想学的东西的？
- 关于自己的学习方式，你学到了什么？

然后，再检视你选择的这几个熔炉，比较它们的异同。比如它们的类型是否相似。为了度过这些阶段，你使用的资源有什么不同？

比较这些熔炉之后，对如何学习重要之事，你会得出什么结论呢？关于有助于你学习的资源，你又了解了什么呢？这些结论与你在其他情境中的学习经验相比较，比如课堂训练和其他培训项目，会得出什么结论？

当你做完这个练习之后，请把你的想法记下来。第 5 章和第 6 章里，我们会再用到它。这么做的目的，是促使你清楚表达自己的观察结论，逐渐培养自主意识。

后续两章将会引导你创建自己的个人学习策略。第 5 章让你有机会用领导力的核心维度来评估自己，并提供了几个练习，在各个维度上帮助你锻炼心智。第 6 章将帮你更具体地设计个人学习策略。

第5章

勘探个人能力宝藏的三个自我评估

我始终在学习。墓碑将是我的毕业证书。

——艾萨·凯特（Eartha Kitt）[①]

我随时愿意学习，虽然我不想总是被人教导。

——温斯顿·丘吉尔

① 美国女演员，最知名的角色有20世纪60年代《蝙蝠侠》系列电视剧中的“猫女”。——编者注

吹玻璃的工匠能从炽热明亮的玻璃液中拉制出精致的槽纹香槟酒杯，天才演说家能与陌生的观众建立起默契。回想一下，当你第一次看到这些情景时，会不会情不自禁涌起惊叹之感。即使你知道并没有所谓的灵异存在，还是忍不住起敬畏之心。

他们怎么才能达到这种境界的呢？

那就是不断练习。没有一种说法能够说清高明的吹玻璃工匠、演说家和领导者的特征，但是只要掌握各种技巧，把它们出神入化地组合起来，就能达到高手的效果（见专栏“边演边练”）。

前面提到的领导者故事中提过，熔炉体验具有两方面的启示，既有领导力之道的启示（其中每条都有独到的深刻影响），也有学习的启示（告诉你未雨绸缪的重要性，学会认识、重塑并释放理想和现实之间的压力）。熔炉是让人适应和成长的历程。

熔炉所传授的技能，正是人们生活中用得到的，能让你观察和沟通、质疑和比较、行动和反思，能让你超脱出来看清自己，了解环境。人们在日常练习中可以掌握在异常事件中幸存的技能，而异常事件则告诉人们平时应该练习什么。

勘探你能力的宝藏就在本章中，我会帮你评估对领导者要具备的各种技巧和行动的掌握程度。本章包括三类自我评估：适应能力、凝聚力和操守。每类自我评估后面都有一系列练习，训练领导力包含的基本技能。如果你能坦诚深入地评估自己，认真完成练习，你就已经开始磨炼那些能够充分利用熔炉体验进行学习的人所拥有的品质，并为设计自己的个人学习策略做好了准备。

边演边练

专家表现者不会像新手那样练习。事实上，与指导高尔夫球、音乐、表演、飞行的教练的访谈表明，练习有几种截然不同的层次。比如，有一种练习被飞行教官称为技术性练习：保持警觉，集中精力运用技巧，使飞机稳定着陆。这有点类似音乐的整套技巧或魔术表演的基本动作，都是要掌握的具体方法。只有通过练习使相互独立的技巧结合起来，才会达到预期的效果。

还有一种练习是排练。汤姆·斯坦（Tom Stein）在波士顿久负盛名的伯克利音乐学院任教。他建议学生每天花在改善技术性技巧上的时间不要超过 15 分钟，认为学生应该“每天在现场、在真正的观众面前演出 2～5 小时，无论是面对音乐家、街上的行人，还是老师”。他的观点明确：花时间做你最想做的事情，并享受这个过程。在这个过程中，你能够改善表现，拓展能力。

后台练习是第三种练习。它不需要你特别去注意，但也能帮你达到练习的目的。最近我在一个聚会上观察到的现象，最适合用来解释这种练习。聚会中我注意到两个非常活跃的年轻人。他们引人注目的原因有两个：波希米亚风格的装束，以及他们总是不停地动。两人不是到处乱窜那种，而是身体弯曲、舒展，从一个姿势转换到另一个，即使当他们站着与人交谈时也是如此。他俩彼此并不接触，唯一将他们联系起来的就是服装和动作。但很明显，在人群中，他俩是一类人。我跟朋友说出我的观察。“哦，”他朝他们的方向扫了一眼，肯定地说，“他们是舞蹈演员。”“舞蹈演员总这样动来动去吗？”我问。“不，”他扬扬眉毛，答道，“他们只是在让自己适应新排的芭蕾舞剧。”也就是说，他们在“后台”的意识层面上练习，虽然注意力没有全部投入，可在一定程度上仍在有意识地进行着练习。

最后还有一种练习，也就是在第 1 章讨论过的实时练习——边演边练。它是指在表演过程中有意识地专注练习，无论是面对大批观众，还是自己单独一人。这种练习的关键是你在表演时仍保留一部分练习的意识，观察自己、与你互动的人以及周围的环境。表演时被留作练习的那部分意识，会让你看到自己的行为并获得反馈。你可以基于对表演反应的预期或假设，对行为进行调整，并将实际反应与预期进行比较。

以讲故事为例。讲故事是沟通愿景，阐述关键价值观和启示的有效方式，是达成共识，凝聚他人，建立共同愿景的核心。把故事讲好需要练习。不仅是讲故事，同时也要评估听众的接受程度，观察故事激起的观众反应，以及调整故事的叙述进程——是否应该缩短或延长以凸显效果。

讲故事涉及哪些练习呢？涉及技术方面最多的是课程和研讨班，大多是训练有素的教师介绍讲故事的理论、历史、学问和讲故事的各种方法，辅之以结构化的练习和即时的信息反馈，以及一整套你应该做什么的课程。练习中，你要识别讲故事的情境，是为了使演讲或展示更生动，还是对你想施加影响的人表达观点？先对着镜子或在教练、家人面前练习，试试变换表达方式、音调和姿势，看看会有什么不同的效果。而后台练习，只是找机会来练习讲故事的技巧，不必讲一个完整的故事。例如，用既不复杂也不恐怖的方式，向孩子解释复杂恐怖的事情。边演边练，则是在真实场景里讲故事，观察人们的反应，然后在类似的场景中改变表达方式，看看听众反应的变化是否与你预想的相符。

各种形式的练习都是个人学习策略的组成部分。技术性练习帮你掌握基本动作，将它们轻松自如地结合起来；排练让你找出大块时间，在酷似实际演出的环境中练习；后台练习让你在任何地方模拟演出；边演边练，则帮助那些没时间练习的人边做边学。

自我评估 1，适应能力评估

适应能力包括理解背景，认识并抓住机遇等重要技能，这些都是领导者的基本能力。适应能力强的人，能够学有所得，获得新的技能，成就和学问都能更上一层楼。这是个充满挑战、需要适应和学习的过程，让你为将来遇到熔炉做好准备。当你遇到新问题时，如果能调整自己去适应，去处理好，你的能力就会达到一个新水平，为迎接下一个挑战做好准备。

这些听起来有些困难，但值得你努力。问题是你的适应能力究竟如何？基于对终身领导者的访谈，以及关于适应性和复原力的研究总结，我在下面的评估中列出了适应能力的几个维度。

◎ 自我评估1：适应能力评估

回想你最近的经验，比如有没有去探索超出自己舒适区的事情，或者相反，你有没有去逃避进行这种探索。仔细考虑并回答下面的每个问题。你的回答会是你在跟随下一章内客来制定个人学习策略时决定如何分配时间、精力、注意力的重要依据。

1= 从来没有，2= 很少，3= 有时，4= 通常，5= 总是

1.你会不断寻求方法，改善自己的领导力表现吗？

1 2 3 4 5

最近的例子：

2.你会为自己设定有难度的目标吗？ 1 2 3 4 5

最近的例子：

3.你会积极地学习和培养新的爱好吗？ 1 2 3 4 5

最近的例子：

4.工作中，你会希望了解组织的不同方面吗？ 1 2 3 4 5

最近的例子：

----

5. 你会紧跟潮流，关注新技术或其他可能对组织有影响的东西吗？ 1 2 3 4 5

最近的例子：

----

6. 你会对在艺术与自然之中发现的模式感兴趣吗？ 1 2 3 4 5

最近的例子：

----

7. 你会经常幻想，并探索实现幻想的可行性吗？ 1 2 3 4 5

最近的例子：

----

8. 你会对别人进行评断吗？ 1 2 3 4 5

最近的例子：

----

9. 你会在遇到困难时坚持不懈吗？ 1 2 3 4 5

最近的例子：

----

10. 你会主动承担艰巨任务吗？ 1 2 3 4 5

最近的例子：

把评估表中各项的得分加起来。在下一章，你要用这个评估结果来确定为了增强或保持适应能力，你要采取的行动。如果得分为 10 ～ 25 分，表明适应能力是你应该多关注的方面；如果得分为 26 ～ 40 分，表明你掌握了一些技巧，但应该着重提高得分低的选项；如果得分为 41 ～ 50 分，表明适应能力是你的强项。不过，能力就像肌肉一样，如果不定期锻炼就会萎缩，所以我列出了一些练习，你可以用来锻炼一下。

你看见了吗

在很大程度上，适应能力依赖于你从不同角度观察、理解世界，并快速准确地增加信息量的能力。我们从这个维度开始，是因为它是领导者构筑自觉能力的基石。约翰·伯格（John Berger）[①] 认为“看”是一个没有被充分认识的技巧，因为“看先于言”。他写道：“孩子会说话之前已经会看，会识别。正是视觉确立了我们在周围世界中所处的位置。我们用语言来解释世界，但语言不能代表周遭发生的现象。有关所见和所知之间关系的问题一直没有解决。每天傍晚，我们都可以看见太阳落下，可我们也都知道，那其实是地球正在远离太阳。知识及其解释，永远难以与我们所见的景象相符。”

要成为有效的观察者，你需要磨炼认知，利用所有感官来收集素材，抛开假设和推论去观察。有意思的是，如果你减少

① 英国艺术史家、小说家、画家，英国当代具有极大影响力的艺术批评家。代表作有《观看之道》（*Ways of Seeing*）等。——译者注

平常判断所见所闻时掺杂的偏见、曲解、捷径，你就能观察得更好。

下面的练习将测试你的感知能力。其中两个是工作之外的练习，另外三个要在工作中完成。

练习 1

参观美术馆或画廊

没有什么东西能像艺术品那样能引起人们巨大的感受差异了。参观美术馆或画廊，四处逛逛吧，发现一件你真正喜欢或反感的作品。不是那种温和的反应，而是令你感受深刻，甚至产生身体反应的作品。站在它前面细细端详，如果它令你厌恶，也不要匆匆看一眼就跑开。这个练习的要点并不是要你明白艺术家在作品中想说什么，那并不重要。

重要的是你从作品中看到了什么，听到了什么。细细审视一下，记下你的感受和印象。它让你觉得快乐还是悲伤，平静还是战栗？一旦你抓住它给你的最主要的印象，问问自己为什么这种印象会如此强烈。你眼前浮现出什么样的画面使你有这样的印象？

别在这里止步，再深入一些，想想为什么你会觉得喜欢或者厌恶？你在哪里有过类似的感觉？哪些景象，什么事情让你有这种感觉？上次有这种感觉是什么时候？

然后，找一件引起你相反感受的艺术品，重复这个练习。

这个练习起初可能会让你有点困惑，因为看到一个东西之后判断它是什么很容易，可一旦你打开它与自己的联结——神经学家的理论认为记忆是一种联结网络，你就会发现其实自己本来就一直处在一种感受和一幅图像之中。这并不是说你应该封锁联结来改善观察力，而是提醒你图像会以各种方式传递情感，有的令人愉悦，有的令人不安，这些都会引起你的注意，让你在有的图像面前依依不舍，却对另一些避之不及。总之你看到了什么，或许取决于你对所看到事物的感觉。

与杰出领导者的访谈提醒了我，敏锐的观察力与对熔炉的感知力往往是联系在一起的。正如第 1 章中提到的，有人谈到重大事件来临之前，他似乎能感觉到预兆。这里他们说的并不是预感，更像是自己与某种情境或事件的联结，它早已经出现，只是你还没有意识到。

提高观察力的一个实用方法就是一天结束后，留出时间做一个小小的反省。采用这种方式，你就可以对当天发生的所有事情进行全方位回顾：究竟什么让你开心，什么让你困扰，什么让你感觉不完善，以及这些事情发生前、发生时和发生后都伴随着什么样的联结。这种反省，能让你学会剖析自己看到了什么和错过了什么，分析错过重要信息的原因，从而在意识中深深植入实时校准观察的能力，而这常常是最重要的一点。

练习 2

购物车

设想一下，你在常去的超市里正推着购物车排在快速通道中，队列中碰巧有一辆无人看管的购物车。排队等候时，你扫了一眼没人的购物车，看见里面有一瓶脱脂牛奶、一棵花菜、一个手电筒套装、一瓶机油、一大包一次性婴儿尿布、一份《华尔街日报》和三打鸡蛋。

为了消磨时间，你打算猜想一下购物车的主人是什么样的人。

请用不超过几秒钟的时间想象一下，并迅速在纸上写下答案，例如这个人是男是女？有孩子吗？如果有的话，有几个？这个人工作吗？如果工作，做什么工作？这个人受过什么样的教育？结婚了吗？如果已婚，结婚多久了？配偶做什么工作？这个人住在哪儿，独栋房、公寓，还是出租房？这个人开车吗？如果开车，是一辆什么样的车？车的年份、颜色？最后，当这个人现身认领购物车时，会穿什么颜色的鞋？

回答完问题后，注意两点。首先，看看你从如此少的信息中能抓出多少细节。即使这个练习要求你运用想象力，做到这一点应该也不难。

其次，如果你和其他做这个练习的人对一下答案，你会注意到别人与你的联结想象可真是大相径庭。我曾经让一群人一起做这个练习。我发现女性经常将购物车与女士联系起来，而男性更倾向于认为那是一位男士的购物车。大家抱怨，购物车里的物品混合了“性别特征”，让任务复杂化了，比如尿布和一瓶机油放在了同一个购物车里。这正是根深蒂固的刻板印象。有时，刻板印象是有用的快捷工具，帮助我们在时间紧张或条件有限的情况下，尽快吸收并理解信息。问题在于你更容易看到你已经看到的熟悉的东西。

在为事件或言论赋予意义之前，你可能想问一些问题。克里斯·阿吉里斯和唐纳德·舍恩（Donald Schon）[①]在这方面的探索尤其值得一提。他们把谈话分成内心对话和人际互动两种，即谈话一是围绕个人的断言，二是围绕对他人的假定。前者是如同阐述事实一样地展示各种观点，比如有人会这样表达他的个人想法："大家都知道，男性比女性更积极进取。"后者则是对事实的假定，比如有人会说："我看到在大多数情况下，主导商务会议的是男性而非女性。"

我观察到的另一个例子，说明了有些情况下，自己的归因可能会扰乱别人的表现。弗兰克是一位非常能干的政府官员，擅长为陷入困境的机构扭转形势。但他也承认很多下属很怕他。他上任一年之后所做的 360 度评估结果为他敲响了警钟。评估汇总中写道："弗兰克将他认为准备不充分的人钉上了耻辱柱，当众羞辱他们。"弗兰克并不是对自己这方面的口碑毫无意识，只是他也很困惑，怎么才能不让自己被说成会议室里的魔鬼。

征得弗兰克的同意，我在会议室一角放了台摄像机，录下了

---

① 美国当代教育家、哲学家，"反思性教学"思想的重要倡导人。——编者注

他和下属的几次会议。录像中，弗兰克在不同场合的发言里有三次表现出生气、不耐烦。我观察到在场的人每次都很畏惧。我还注意到，弗兰克每次讲话前总是会先撇撇嘴，手指在两颗门牙上拨弄，好像要剔下点什么东西似的，然后突然停下来，爆发出一连串的尖刻评论。

后来我让弗兰克看录像。他挠挠头，嗫嚅着："我想我明白你说的情况。我门牙上没东西，可我一旦觉得不安，就很想去挠它。我就是忍不住。"我问弗兰克，如果下次我看到他再弄门牙，是否介意我打断他，他表示不介意。

几次会议之后（这些会议进展顺利，弗兰克一次脾气都没发），我注意到，当一位名叫莎拉的员工发言时，弗兰克在椅子上开始有些坐立不安，又要去摸自己的门牙了。我坐在桌子对面，轻声问弗兰克是不是想说什么。他看着我，好像伸向饼干桶的手被当场抓住似的笑了。他说："我只是想问问莎拉是否介意加快一点演示的速度，这部分大家都很熟悉了。"他没再说别的，会议安然继续。随着时间的推移，弗兰克开的会被认为是有效果且有益的，不再被下属们称作"专断法庭"了。

你越是警觉，越有可能拦截那些会引起负面效应的、你不想要的后果。

练习 3

记录会议

开会时试着记下你观察到的情况吧。不必囿于传统的会议纪要，可以把使你理解会议进展情况的话语、手势、氛围、暗示、身体语言以及背景故事都记下来。用电影剧本的形式写可能会容易一点。

然后问问自己，如果这个会议是一场多边网球比赛，谁发球最多？谁最有可能回球？一个回合持续多久？你观察到的交流行为中，是否有某种模式存在？

这个练习的目的不是让你事无巨细地统统记住，而是要知道你记住了哪些东西，以及为什么是这些。例如，你可能会注意到自己记录了观察结果的方法。通常开会时，人们都会带着纸笔，但只会记下他们听到的或者自己总结的觉得重要的东西。但你事先怎么知道它一定重要呢？如果你弄错了重点怎么办？观察内容会受人们所处位置的影响，常常被人们忽略。比如，因为你要观察会议，不想让别人注意到你在记笔记，于是你就会坐在角落，这样你是不是就看不到背对着你的人是什么表情了？你会猜想他们面带微笑还是皱眉头吗？

如果你觉得完成这个练习很难，也不要沮丧。它的关键在于认识到组织中的日常事务往往携带大量信息，却常常被我们习惯性地忽略了。很多时候我们的观察是无意识的。比如，你是否觉得这个练习很有压力、很麻烦？很多人这么认为。只有极少数人能在几分钟后，仍全神贯注地记录观察结果。而大部分人即使觉得这个任务确实重要，也会想“转台”，因为关注所有信息实在太难了。

如果你有信心，认为自己能抓住重要的东西，就会立刻对信息分类，排出优先级来。问题是，虽然这样做能让信息更容易被处理，但是也会妨碍你看见、听到意料之外的重要事情。这样不利于学习。

由此，你或许想知道，接收所有的信息是否真的可行。有两点很重要。首先，这个练习能让你改善待处理信息的质量和增加其数量，帮助你更好地作决策，同时决策也更可能被贯彻执行。其次，多多练习会增进你对情境、对人的理解，也会提升你判断的速度和准确度。

有心人能把握潮流、识别模式。他们往往先于他人看到或意识到新兴现象。潮流可能存在于市场里、大规模群体行为中、会议上，甚至日常谈话中。有心人不仅更容易在潮流发生的萌芽阶段察觉到，他们也更容易从过去的观察里回忆起类似的事件。换言之，他们并没有认为过去的观察是无关紧要的，而是留起来备用。

练习 4

工作录像

几乎所有受过正式高尔夫球训练的人都会发现，教练会给你录像。这样，你就没办法隐藏你挥杆动作的缺点了。不过，高尔夫球教练录像的目的并不是让你尴尬，而是教学。

这个练习要求在你演讲或谈话时，找个熟人为你摄像。一定要让他们以通常看到你的方式来拍，没有排演，无须道具。你要抵挡想停下来重新拍的诱惑，以便获得最佳效果。拍上 20 分钟左右，要求摄影师同时也拍摄他人的反应。

现在到了最难的部分：把录像倒回去，查看自己的一举一动。你看到的画面让你吃惊，还是让你不悦？哪些表现你喜欢，哪些你不喜欢，为什么？看录像时，请把印象深刻的东西记下来。对于自己，我们通常都是最严厉的批评家，不过重要的是在记下负面和不快的印象时，也要记下积极之处。注意你说话时人们的反应。他们听进去了吗？他们的身体语言告诉了你什么？你在“表演”时，获得了多少信息？同样，参照之前参观美术馆的练习，花几分钟时间，想想为什么录像中的某个时刻让你产生那种感觉。

这个练习最大的好处在于让你有机会实实在在地跳出身外，以你所见为原材料来分析自己。这样练习，会让你更容易遵循罗纳德·海菲兹和马蒂·林斯基（Marty Linsky）的建议：进入脑海中假想的“阳台”，注视自己的一举一动。同时，这个练习也为实时的自我观察，即边演边练做好了重要的准备。

优秀的领导者展现出良好的适应能力，很大程度上是因为他们让自己保持开放，无论是面对经验、意外之事，还是学习。这里说的开放，并不是让自己变得胸无城府，或者像一张白纸，而是像观测器那样观察自己。

无论你满不满意自己的刻板印象、预设立场、联结方式，你都意识到它们的存在，注意到它们对自己所见所闻的影响，并时不时会去质疑那些貌似寻常、显而易见的观察结果。

重要的是，要认识到适应能力不仅是向里看。向里看的练习是为了帮你完成自动校准的过程。就像天文学家通常要计入反射镜的曲率误差，检验观测器是否运转良好，领导者也应该这么做。

尽管如此，领导者的适应能力优势还取决于是否能在大家都掌握模式之前就把它们辨识出来。模式识别是从大量的数据中提取意义的能力，它有多种形式。游历世界的味好美公司总监汉克·克斯特纳（Hank Kaestner）也是一位鸟类观察家，他擅长找出藏在灌木丛或五彩树叶中的鸟，同时也擅长从一堆看似相同的香料中挑出上好的品种，就像有经验的船员能辨识水体轮廓，发现风向变化。老手和新手的区别不仅在于是否能迅速厘清信息，还在于能否基于不完整信息作出推断。比如，国际象棋选手寻找模式和棋局特征的方法是先看一眼棋盘，这样他们就很清楚目前的情况，并能预测发展趋势。

另一种模式识别是在几乎没有可比性的事物中寻找相似性。我与一家大型消费品制造商的研发部副总裁一起工作时，遇到过这种情况。当时，这家公司正努力整合旗下三家实验室，同时希望不要削弱公司保持的创新纪录。一天，当我们讨论面临的困境时，那位副总裁一句话讲到一半，忽然挥起手臂，好像指挥乐团似的。看我一头雾水，他笑着跟我讲起最近看到的报道。报道中说，欧洲一家大型歌剧公司的商务总监受命将五家国有乐团重组成两家，当然，还要保证它们的演出水准。几天后，这位商务总监与歌剧总监的会面，让他对“首席”的角色有了深刻理解：首席演员作为核心演奏者，决定了乐团的成败。后来，这位商务总监发现“首席”对整合工作起到了相当大的作用。这个案例也促成了那位研发领导者的整合策略获得成功。

这两种模式识别的关键，都是利用你自己的或别人的观察能力来拓展眼界。在鸟类观察和帆船运动中，它会间接地告诉你，你要找的东西在哪里。在研发领导者的例子中，模式识别是找到与你的问题类似的事件或现象。正如杰克·韦尔奇禁止出现“管理空白”一样，组织未能触及之处，领导者的适应能力借助模式识别，可以在看似严密的管理空间中寻找机会。

练习 5

搞垮公司

一家知名糖果公司的高管聚在我们研究组的会议室里，目的是通过检视他们的环境，找出对其市场地位的威胁因素。最新的商业情报、分析报告、公司情况等把这帮人武装到了牙齿。可会议不到一个小时，一名成员往椅背上一靠，深吸一口气，对大家说："我想这些报告中没有任何我们还不知道的东西。可我打赌，能搞垮我们公司的，正是我们不知道自己还不知道的那些事。"他提到的正是一向被国防航天领域称作"unk-unk"的方面：未知的未知。

话音未落，这位高管给小组提出另外一项任务，想想怎么能搞垮自己的公司。他们比其他任何人都更了解自己的弱点。除了突如其来的灾难、一件蠢事，或者道德上的犯错之外，有什么产品、什么流程，或者其他任何东西可以搞垮他们？然后，这位高管眼神中透着兴奋，补充道："让我们在它们真正出现之前就弄清楚，到底什么会让我们出局！"

这个练习给你的挑战也是如此。即使你领导的部门不大或者属于非营利性组织，也一定要做做看。例如，许多非营利性组织发现，2005 年秋天发生的卡特里娜飓风之后，它们的财务来源极度匮乏，已濒临倒闭。它们既要面对筹款的压力，又对类似灾难性事件毫无准备。

这个练习你可以独立完成，但是如果与他人协作完成，它会更有价值。这样，你就可以练习倾听，了解别人的意见，而不只是告诉他们答案，还能了解团队中谁最擅长解决非常规问题。

自我评估 2，凝聚力评估

讲故事是我们记忆重要事情的方式。清单和图表或许可以显示逻辑顺序，但讲故事能将图像、情感和事件都糅合在一起。

喜剧演员唐·诺韦洛（Don Novello）在电视节目《周六夜现场》（*Saturday Night Live*）中有段关于“五分钟大学”的俏皮话，将这一点表达得淋漓尽致。他说，一个人大学毕业五年后，在所有上过的课里，能记得的只有大约五分钟的内容，其中大多数是几位教授讲的难忘的故事。他计划出售自己五分钟所学的内容，只收观众四年学费的很少一部分。

电影编剧指导罗伯特·麦基（Robert McKee）表达了类似的观点，他强调，讲故事非常人性化：“讲故事满足了人们把握生活的深层需求，这不仅是智力活动，还是非常个人化的情感体验。”讲故事帮我们从混乱中理出秩序，告诉我们，某些人、某些地方也出现过我们现在的情况，这会让我们安心。从这方面来说，讲故事完成了开始“看”的启动过程。正如心理学家罗伯特·凯根所说：“让眼睛看得更清楚，让心灵感受得更深刻。”

有效领导者通常都擅长讲故事，而其中最有影响力的正是讲自己的故事。这些故事不是自吹自擂，但都是各式各样的“英雄征程”。他们经受了严峻的考验，最终取得了胜利。正如我们在第 2 章中所提到的，领导者大多认为虽然经历了艰难困苦，但是很值得。在讲故事中，他们学习、成长。他们的故事以叙述者的视角做解释，娱乐和凝聚他人。

以下评估方法旨在帮你探索凝聚他人的技能。即使你觉得自己并不外向，也不意味着你不能动员别人。只要时机适宜，低声说话也可以让整个房间安静下来。凝聚他人不一定要侃侃而谈，但一定要抓住他人的注意力与核心需求。

◎ 自我评估 2：凝聚力评估

思考以下问题，给自己打分。

1= 从来没有，2= 很少，3= 有时，4= 通常，5= 总是

1. 你会积极听取并认真考虑不同意见吗？ 1 2 3 4 5

最近的例子：

----

2. 你会与各行各业的人保持联系吗？ 1 2 3 4 5

最近的例子：

----

3. 你会与一起工作的人交流你的目标，并去了解对方的看法吗？ 1 2 3 4 5

最近的例子：

----

4. 实施想法前，你会试图说服别人接受吗？ 1 2 3 4 5

最近的例子：

----

5. 你会与别人交流你明确的人生目标吗？ 1 2 3 4 5

最近的例子：

----

6. 你对下属的职业发展产生过积极作用吗？ 1 2 3 4 5

最近的例子：

----

7. 你会向别人寻求职业发展的建议吗？ 1 2 3 4 5

最近的例子：

----

8. 你与他人共情，对他人感同身受吗？ 1 2 3 4 5

最近的例子：

----

9. 你会通过讲故事来阐明想法吗？ 1 2 3 4 5

最近的例子：

----

10. 你能在冲突中不受情绪影响吗？ 1 2 3 4 5

最近的例子：

把评估表中各项的得分加起来。在下一章，你要用这个评估结果来确定为了增强或保持凝聚他人的能力，你要采取的行动。如果得分为 10 ～ 25 分，表明凝聚他人的能力是你应该多关注的方面；如果得分为 26 ～ 40 分，表明你掌握了一些技巧，但应该着重提高得分低的选项；如果得分为 41 ～ 50 分，表明凝聚他人的能力是你的强项。不过，能力就像肌肉一样，如果不定期锻炼就会萎缩，所以我列出了一些练习，你可以用来锻炼一下。

你的熔炉故事

按照罗伯特·麦基的说法，一个好故事讲述了生活的变化和缘由。“起初，生活处在相对平衡的状态中，”他写道，“你日复一日地去上班，一切都很正常。但后来发生了一件事，让生活失去了平衡。你换了新工作，老板死于心脏病突发，或大客户威胁要离开。故事继续发展，描述主人公努力恢复平衡，以及其主观期望如何被客观现实击得粉碎。讲故事的高手会描述怎样处理这些对立的力量，主人公如何甘冒风险，采取行动，并最终发现真理。”

之前在第 4 章中，曾要求你画出学习的生命线，并标明将你塑造成领导者的关键事件和人际关系，以便仔细审视让你记忆深刻的熔炉体验。下面请重做这个练习，不过这次，要着眼于用不同的讲故事的方式把它描述出来。领导者必须能向不同的受众传达同样的信息，明白哪种沟通风格最适合当前的受众。

练习 6

讲自己的故事

回想一下你的熔炉故事，在脑海里或者在纸上重新组织一下，介绍下背景，简要描述你平衡状态时的生活，以及这件事是如何让你的生活失去平衡的。在描述熔炉体验如何把你置于与原本期望不一致的境地时，注意讲述的方式，要让听众有一种被两股对立的力量裹挟的感受。接着，讲述故事中的冲突是如何被解决的，解释你是怎样承受压力的，经历了之后又有什么收获（见《接近乞力马扎罗山峰顶》，这是一个短小精悍的熔炉故事范例）。

接近乞力马扎罗山峰顶

简・霍博尔特（Jan Houbolt）

我曾试图去攀登非洲之巅——乞力马扎罗山，但最后，我发现我走进的是自己的内心。

以前我从未认真想过去登山，但组织者布赖恩有一次邀我同去，而其他朋友也答应去，我就同意了。这似乎能让我有机会将自己的极限往前推进一些。谁知道这趟经历会有什么收获呢？

第 1 天：动身之前我就面临了挑战。一次小型远足活动后，我意识到脚上的旧伤挺严重，治疗脚伤就花了我几个月的时间，医嘱和常识都告诉我得取消登山计划。可是，在和几个朋友出去玩了一趟之后，我又改主意了，还是想违背医嘱去登山。

第 2 天：正式登山了。攀登的地方有些陡峭，乱石遍布，四周变得越来越荒芜。当时我们的高度接近 4 000 米，虽然有人因高原反应而感到头痛，但大家情绪都不错。我很惊讶自己既不头痛，也不恶心，没有一点儿高原反应。我暗想这是好现象，毕竟我年龄最大，身体状况最差，不过表现还不错。

第 3 天：一早醒来，营地一片混乱。我们面前是无情雪崩造成的一片狼藉。3 个美国人死了，有几个搬运工受伤严重。大家都很挂念国内的亲人，带着国际移动电话的几个人打电话回美国，让大家知道我们的情况。我清醒地意识到情况很危险，我无疑是 11 个人里登山速度最慢的，与我年龄最接近的都比我小 4 岁，他还是个有耐力的运动员，2 年前曾经骑自行车横穿美国。无论如何我对自己说，慢点也挺好，可以慢慢适应环境和气候，反正这又不是比赛。

第 4 天：一整夜我都在腹泻，今天一早就脱水了，只睡了 45 分钟，什么也吃不下，在临时厕所的严寒中冻了几个小时。大家都在吃早餐，可我看到食物就反胃。有人用热水给我冲了杯混合物补液。那玩意儿太难喝，我当时都快吐了。后来我终于一小口一小口地吃了块面包。没机会再休整了，得决定是前进还是放弃。

我决定继续前进，尽管似乎有点儿发烧。

接下来的几个小时，我们穿越了连绵起伏的山坡。山谷把山脉纵切开来，辟出山路。每次接近峰顶时，我都以为是最后一个山谷了，却又看到另一个下陷的山谷，意味着还要接着翻山越岭。

我向大家表示抱歉，自己成了拖累，迫使大家放慢了速度。布赖恩对我说如果我再道歉，他们就要暴揍我一顿了。我真爱他们啊！

队伍接着向前走，我每步只能前进几厘米，但我永远不会忘记耐心跟在我后面的几个人对我的支持。我们快到达峰顶了，那时我几乎陷入幻觉，活了快 60 年，好像从没有这样疲劳过。我知道自己发烧了，但觉得可能躺一会儿就会好。

克利夫给我量体温，起初是 40 多摄氏度。我看到他一脸震惊，感觉不对，追问怎么回事。他告诉我温度计的读数，我当时就觉得："哦，我要死了。"他离开帐篷片刻又回来说要再测一次，这回是 38.4 摄氏度。那感觉像是被判了死缓。

克利夫告诉我，明天上午我得下山，他会跟我一起。我同意下山，但不想让克利夫陪我。我刚开口说："克利夫，你不用……"他就打断我的话，表示一定要护送我。我有点哽咽，说不出话来，只是告诉他我爱他。

第 5 天：午夜大家都会登顶，我发现自己有些难过，因为我得下山了。我能喝点儿粥了，于是和大家一起吃了早餐。我说了几句肺腑之言，念了玛丽·奥利弗（Mary Oliver）的诗《旅程》（*The Journey*）。我觉得他们都能登上去。

最后的结局是，我没能和队里其他人一起登上峰顶。我为此感到难过。

归根结底，我真正的成就并不在于登上乞力马扎罗山顶，或让其他人认可的什么事情。相对于从容与自我接纳的状态，那些成就不过是虚假的摆设。一个人真正的征程是人格和心智的发展，而不是满足于实现别人对自己的期望或自己本就不真实的期望。本质上这才是我的人生课题，也是我一直在攀登的“山峰”。

讲给孩子听

将你的熔炉故事讲给孩子听吧。作为父母、祖父母来说，这是与孩子们分享你人生大事的绝好机会，他们之前可能都没听过这些故事。

讲给同事听

如果你一被人注意就紧张，那么你跟同事讲熔炉故事的话，恐怕并非易事。不过，作为领导者，你可以多请别人谈谈如何渡过难关，尤其是成功克服过去的难关。

每次我谈到这本书中研究发现的基础时，总会和人讨论起个人的熔炉体验。事实上，我遇到的人们，他们最常见的反应是会主动谈起熔炉故事。人们愿意分享自己的经历。因此，如果你担心别人的关注，可以在分享自己的故事之前，先请别人讲讲他们的故事。但是，之后你自己也要讲。

讲故事的过程中，仔细观察听众是否用心倾听。他们在看你的眼睛吗？你是否也看着他们，保持目光接触？你会压低嗓音，让他们更靠近你一些吗？你能看到部分观众一边听着，一边频频点头吗？你能否明显感觉到他们的注意力？换句话说，你注意到了每一个人，还是仅会注意你觉得是在用心倾听的人？故事讲完后，检验一下效果，当场或随后找个人问问，这段故事的寓意、重点是什么。你的观点传达给对方了吗？

讲述你的身边事

讲你自己的故事，这只完成了一半工作。你还要密切关注你周围的故事，例如能代表家族传统和体现公司文化的事。伟大的领导者往往是讲故事的高手，但比故事更重要的是它的影响。讲故事能够让群体拥有身份认同，还能号召成员采取行动。

关于这点有个例子。我在采访一家大型连锁酒店的人力资源部经理时，问起全球化发展的公司是如何保持共同的文化的。“让我给你讲个故事吧。”经理答道。

> 三年前我去了吉隆坡，在某一天的中午前后到的。我上了出租车，很快到了吉隆坡酒店的会场。我没有打断他们的会议，只是在休息时问道：“这两天的会，你们有什么收获，了解到什么了吗？”他们本可以说薪酬制度或其

> 他什么的，可他们说最有收获的是关于文化的。当我问他们最关心什么时，他们答道："确保文化的传承。"在这些马来西亚人的头脑中，第一位的事情就是文化！现在，文化本身就价值上亿，他们甚至总把它放在议程的第一位。

以下两个练习，可以帮你像这位经理在吉隆坡的做法一样，发现并运用身边的故事。

练习 7

发现别人的激情

请和同事谈谈，问问他们特别看重工作中的哪些方面。通常员工对工作的激情不太明显，需要认真考虑如何设计问题来进行谈话。

这种谈话会让领导者了解人们对于工作的情感，通常也是他们赋予工作的道德含义，是需要领导者仔细辨别的动机和志向。听听他们说什么，更重要的是留意他们的说话方式。当人们谈起热衷的事情时，是什么样子的？你作为听众有什么感觉？谈话双方的交流发生了什么变化？

关于这方面我有个故事，我把它称作"饼干桶收藏家的神秘故事"。我曾经研究过工会化组织中的技术变革。当时我走进一家金属板冲压厂的餐厅，坐在一位名叫鲁斯蒂的老工人边上。我注意到他在读一份杂志，封面上是做成流行卡通人物形状的饼干桶。我问他那是什么，鲁斯蒂胡子拉碴的脸上露出一抹笑意。他说："这是我的一个小爱好，我收集饼干桶。"我很好奇，问他是不是很多人收集这个。鲁斯蒂越发热情地跟我说，这些收藏者有一个很大的网络，他是其中一个协会的主席，负责维护最新销售量和价格的数据库，编辑并发布快讯。他还跟我说，他刚因为替安迪·沃霍尔收集的饼干桶估价，从大拍卖行收到一张五位数的支票。

故事到后面更有意思。我跟工厂经理提到我曾见过这位"饼干桶收藏家"，经理告诉我，鲁斯蒂在厂里可是个传奇人物，不是因为饼干桶，而是因为他完全拒绝配合管理层采用新一代电脑控制压力机。管理层帮助工程师实施新技术的所有要求，鲁斯蒂几乎都回绝了。他的直接主管曾得出结论，认为鲁斯蒂是个本质上就抵制新技术的人，要么就是年纪太大，学不了新东西。

然而，我与鲁斯蒂又聊了一次，却发现他之所以不合作，是因为经理曾经就设备和工艺的变化咨询过他，最终却没什么反馈给他。这件事经理都忘了，可他一直记得，这使他对新技术不再有热情。可是，这件事别人都不知道。

练习 8

建立一个社区

员工大部分清醒的时间都花在工作上，通常就在空间有限的办公室或工厂里活动。18 世纪，你会把度过这么长时间的地方称为家，至少也是社区吧。你工作的地方，多大程度上像个社区呢？或者更恰当地说，你怎么让工作场所更像个社区？这就是我们的挑战。

研究建筑与城市规划的学生对社区的构成元素一直饶有兴趣，社会学家和人类学家也同样如此。建筑师克里斯托弗·亚历山大（Christopher Alexander）、萨拉·石川（Sara Ishikawa），默里·西尔弗斯坦（Murray Silverstein），在开创性著作《建筑模式语言》（*A Pattern Language*）中总结出经受时间考验的成功社区所具有的五个共同特征：十字路口，人们在日常活动中相遇的地方；中心，人们聚会的地方；创始人传说、社区起源的发生地；文化保护建筑，比如钟楼或其他标志性建筑；秘史，社区历史中备受争议但又令人好奇的事情。

假设你有机会在现有的办公空间之外，在一个新的建筑里建立工作社区，你会怎么创建十字路口、中心、创始人传说、社区起源的发生地、文化保护建筑和秘史？这个练习并不仅限于理论层面。想一想，一家公司隔多久就会改组、搬家或建新办公室，这些都是建立社区的机会。

自我评估 3，操守评估

领导力永远与操守有关。为什么？因为领导者周围的人要响应的，是领导者的信念、品格、正义感，以及有所作为的热切愿望。无论杰出的领导者相信什么，他们的行为方式都反映出他们对他人价值和权利的认识。此次研究访谈的杰出领导者，无论他们做什么工作，有何种信仰，都非常清楚地展示出他们相信什么，也很容易分辨出他们所做的重大人生决定与他们价值观之间的联系。操守并非简单意味着拥有某种价值观或道德准则，而是有了这些价值观才感觉是完整的。

杰出领导者努力理解价值观在认识世界中的作用，所以他们也很习惯把价值观用到工作中。他们清楚自己的价值观，并据此行事，使别人明白自己看重什么。他们会直接处理价值观冲突，基于价值观做出决策。他们不回避对价值观的讨论，也不会把自己的信念局限在起草公司价值宣言上，而是会身体力行。

同时，他们也向自己尊重的人寻求反馈，无论对方的价值观是否与自己相同。这可绝非易事，部分原因是人们通常觉得朋友之间，很难将愉快的交流与诚实相待完美结合在一起。沃尔特·桑德海姆是巴尔的摩市的市民领袖，还是一位商人，他上过《华尔街日报》头版。90 岁生日时，他给 10 位朋友写信说："人越老，朋友和亲人越不愿意跟他提到是该'挂靴'的时候了。近年来我看到两位好友在能力不济时还继续担任要职。我得坦白地说，我很担心自己也会这样，或者其实已经处于这种状况了。"

他收到的回复是说服他继续工作，但同事的回应方式让他印象深刻。大家都用各种方式向他表明，这封信使他们避免了用善意的谎言来回复他，从而能开诚布公地对他进行评价。

以下的自我评估，会让你了解身为领导者，自己对操守的看法。

◎ 自我评估 3：操守评估

认真思考以下问题并作答。

1= 从来没有，2= 很少，3= 有时，4= 通常，5= 总是

1. 当你不同意大多数人的意见时，你会仍然基于良知行事吗？ 1 2 3 4 5

   最近的例子：

   ----

2. 你会保持意见或原则的一贯性吗？ 1 2 3 4 5

   最近的例子：

   ----

3. 你会贯彻落实自己承诺的事情吗？ 1 2 3 4 5

   最近的例子：

   ----

4. 别人会针对非工作问题向你寻求建议吗？ 1 2 3 4 5

   最近的例子：

   ----

5. 你会有深深的负罪感吗？ 1 2 3 4 5

   最近的例子：

   ----

6. 你相信自己吗？ 1 2 3 4 5

最近的例子：

----

7. 在别人眼里你诚实吗？ 1 2 3 4 5

最近的例子：

----

8. 我们知道，作为领导者会获得许多回报，那么你会愿意为了大局着想而放弃作为领导者的职位吗？ 1 2 3 4 5

最近的例子：

----

9. 如果人们只是因为你的职位才附和你，你会觉察到吗？ 1 2 3 4 5

最近的例子：

----

10. 发现自己错了，你会坦然承认吗？ 1 2 3 4 5

最近的例子：

把评估表中各项的得分加起来。在下一章，你要用这个评估结果来确定为了增强或保持操守，你要采取的行动。如果得

分为 10 ～ 25 分，表明操守是你应该多关注的方面；如果得分为 26 ～ 40 分，表明你掌握了一些技巧，但应该着重提高得分低的选项；如果得分为 41 ～ 50 分，表明操守是你的强项。不过，能力就像肌肉一样，如果不定期锻炼就会萎缩，所以我列出了一些练习，你可以用来锻炼一下。

以下有四项要做的练习，什么时候做都可以。但只有当你诚实面对自己时，它们才有用。

练习 9

总结你做过的承诺

繁忙的一周结束之际，停下来想想所有你承诺的事情，把它们列在一张纸上。这里面不仅包括你列在待办事项清单上的项目，还有一些微小的承诺。举例来说，当有人为你买了午餐或一杯咖啡时，是否隐含着你要有所回报的意思？你许下了多少承诺？其中有多少你打算兑现？如果你没做到，或只是说说而已，会付出什么代价？

这个练习看似简单，做起来却很有难度。正如此前提到的，回忆时要谨慎，尤其是当我们对自己的有色眼镜和“自动过滤器”毫无意识时。我们可能仅仅出于礼貌或习惯说要做什么事，觉得谁都不会真的期望这个承诺兑现。但假设别人相信你说的话，比如别人觉得你会读他的报告并及时反馈，可你并没有做到，怎么办？假设别人觉得你会履行承诺，进一步安排了一堆事情，怎么办？如果你没做到，会引起什么后果？

雷·斯塔塔（Ray Stata）是亚诺德半导体技术公司（Analog Devices）的创始人，他深信承诺问责制应该用到公司推行全面质量管理的过程中。他几年前对管理团队提出，希望他们能做到百分之百兑现承诺。团队得出两个重要发现：（1）经理们的承诺大约一半都没有兑现；（2）经理们会更有选择性地作出承诺了。

练习 10

自外向内的价值观声明

有位同事曾深入参与某汽车公司开办分支机构的事宜。他告诉我，分支机构总裁曾请他为新机构起草价值观发布声明。同事考虑再三，最后没答应，而是建议总裁和领导团队自己来总结他们要传达哪些价值观，然后身体力行，而不是仅仅写在纸上。

这个练习要求你做两件事。首先，找一张纸，写下你觉得自己身体力行的价值观，要用完整的话，而不是词语列表。然后，再找一位朋友或家人，请对方根据他观察到的行为，写下他认为你的核心价值观是什么。记住，你们双方都有风险：这个练习如果你想有所收获，就要做好心理准备，因为可能会听到你不赞成的意见；你还要保证你找的人不会因为得罪了你而后悔。你可能没听到想听的话，但是不设防的倾听至关重要。

把价值观声明放在面前，礼貌地询问对方是根据哪些具体行为和事情得出结论，认为这些是你的价值观的。然后和对方聊聊，让对方看看你写的价值观声明，看看你们能否在两份声明上找到最吻合以及最有分歧的地方。

练习 11

组织个人董事会

论坛是世界青年总裁组织的重要活动。世界青年总裁组织是一个全球性组织，致力于为面临挑战，处于最脆弱的创业和生存阶段的青年企业家提供支持。论坛既是一个场所，也是一个过程。论坛上，大家可以谈论任何隐私，不管是关于业务、合伙人还是关于家庭生活。除拥有保密性外，论坛还为参与者提供各种有用资源，其中最重要的是信息，会帮助处于压力之中的人，以免他们做出日后后悔莫及的事情。这种同侪互济的形式，让人不仅能找到可以信赖的人，还可以向他们寻求坦诚的建设性意见。

因此，这个练习的任务是组建你的个人董事会。像公司的董事会一样，根据他们的经验，以及你不了解的领域的知识，还有操守来选择董事。尤其重要的是，这些人要关注你，愿意和你说实话。除了找到他们以外，你的挑战还包括制定出与董事会进行交流的模式，是逐一交流还是一起交流，是定期还是不定期交流，以及你怎么保证他们有时间？另外，就是关于价值主张，他们为什么愿意帮你？

练习 12

危机中的价值观

因为在一批产品中检测出大肠杆菌，产品被召回。这种危机曾发生在我以前的一名学生身上。他立即给我打电话，自豪地描述他们公司的“泰诺时刻”[1]。他的公司在灌溉用水的例行检验中发现了致命细菌，便立即联络食品药品管理局和农业部，召回可能受污染的产品。他想起 1982 年强生公司的故事，公司管理团队开会后很快决定：遵照公司的价值观，立即采取行动，不管成本有多高。

假定你从可靠的消息来源得知你所在的组织、业务部门的产品或服务对客户造成了损害，你是否能够应对这种“泰诺时刻”呢？你会做什么来使你的团队为组织价值观负起责任？

本章的评估和练习，可以让你增强对成长机会的感知力，帮助你从经验中学习。下一章，我们要谈谈如何搭建个人学习策略，帮助你应对挑战，从经验中尤其是从熔炉体验中学习运用智慧。

---

① 1982 年，强生公司经历了一场重大危机。当时发现多瓶泰诺胶囊中混入了氰化物。到危机结束时，共有 7 人死亡。强生公司处理这一情况的方式为危机管理树立了新的典范，该公司也因其迅速决策，真诚服务于消费者而备受称赞。——译者注

CRUCIBLES OF LEADERSHIP

HOW TO LEARN FROM EXPERIENCE TO BECOME A GREAT LEADER

第6章

搭建个人学习策略的三个部分

抓住猫的尾巴，把猫倒提起来的人，将会学到他在别的地方学不到的教训。

——马克·吐温

终于到了设计自己个人学习策略的关键时刻了。正像马克·吐温形容的那样，去抓猫尾巴，看看会收获什么经验教训。设计个人学习策略，就是精心打造系统化的训练方法，让你可以边表演边练习；同时，它也将根据你的天赋和志向来量身定制。你的个人学习策略有两个作用：它能帮你从经验中，尤其是从熔炉体验中学习；它也能增强你作为领导者适应变化的能力。

发展你的领导力所需的一部分或者大部分资源，都在你触手可及的范围内，比如你所在的公司。但是，创建和实施个人学习策略的责任只能落在你一个人的肩上。除了你，没人知道你想从生活中得到什么；除了你，没人知道路上会遇到什么障碍；除了你，没人能让你凌晨四点起床，穿上冰鞋，到冰面上去练习。

个人学习策略蕴含的逻辑非常直观。领导力和其他表演艺术一样，既可以分出成就层次（新手、老手、高手），也能识别出提升成就层次所需的基本因素。要成为老手，四种重要因素不可或缺——掌握方法、拥有进取心、进行指导、接收反馈，而第五种因素，你的个人学习策略，则是成为高手的钥匙。

基于前两章的练习和贯穿本书的案例，我想你已经做好准备来创建个人学习策略的初始版本了。它由三部分构成。

- 第一部分来自第4章讨论过的志向、动机和学习方式，目的是找出促使你渴望学习，成长为领导者的所有推动力。事实上，第一部分是一块试金石，你会经常用到，来保证自己处在正确的轨道上。
- 第二部分鼓励你用第5章探讨的三个领导力维度来进行自我评估：达成共识、形成凝聚力以及保持操守。第二部分包括针对各个领导力维度的具体范例和可能的熔炉体验；你可以把它们当作针对特定肌肉群的练习一样。
- 第三部分将指导你设定阶段性目标，巩固你的领导力来完善计划。

你的个人学习策略应该包括你能收集到的所有信息，比如雇主提供的关于领导力、学习方式和性格的测评方法，例如MBTI性格测试、FIRO-B、库伯的学习方式量表，以及360度评估和年度绩效结果。要充分利用公司的技术培训和实践机会。如果公司人力资源部有一套详尽的领导力行为规范章程，你要把它们弄清楚；它们还可能成立了测评中心，那你一定要弄到一份详细的结果反馈。

当面临培训与工作机会时，要用个人学习策略来设定优先级。你的职业生涯可能会在许多组织中度过，因此只有你才具有真正的长远眼光。

让我们开始吧。接下来，你要思考我刚刚提到的那三个部分中的问题，最终设计出自己的个人学习策略。让我们从志向、动机和学习方式开始。

部分 1，找出促使你成长为领导者的所有推动力

无论是主动寻求，还是被动接受，领导力实际上都深深植根于个人价值观，是价值观激发的行为。

为什么我要做领导者

如果没有长时间的深入思索，“为什么我要做领导者”可能是一个最难开始的话题。如果你不是非要在电脑上输入，而是可以手写，建议你用铅笔在空白处记下关键词来总结你的个人主题。如果你在这里被卡住了也没关系，继续下一步，稍后再回来看。

◎ 为什么我要做领导者

因为

记下你想说的话。然后静坐片刻，进一步探索。我们从全面质量管理借用一个熟悉的工具，“5why”原则：对你列出的每条原因都问五个“为什么”。也就是说，如果你写：“我要做领导者，是为了让我的部门员工生活更丰富，更有价值。”那么接着就问自己为什么这么做？答案可能是：“因为我相信他们应该享有更丰富、更有价值的生活。”接下来问这一点为什么重要，答案或许是：“因为我相信他们有能力拥有美好的事物，他们可以更好地表达自我，有更多的创造力，还能拥有更多他们和客户都重视的东西，相比我没有做领导者的时候，他们能得到更多。”

只问这两个“为什么”，我们的回答可能已经比最初的更深入详细，也更深刻了。现在我们可以说：“我要做领导者，是因为我想帮人们表达自我，实现他们的创造力，做出他们和客户都重视的东西。”

现在把问题变成：“为什么是你这个人来做领导者？”会让

你对自己的领导资格和其他方面探索得更深入一些。你可能会说："我觉得有义务承担责任，做些事情来创造条件，让人们去做对他们真正重要的事情。"这很好，不过要接着问为什么是你而不是别人，以及诸如此类的问题。

注意两个要点：第一，不要有困扰，这不过是个练习，它只是让你在大脑中快速过一遍这些发人深省的问题，你不必第一次就得出全部答案；第二，这个练习的目的是形成你个人愿景的简明版，提醒你为什么会踏上通向领导力高手的征途。

我的最佳状态

第 4 章介绍过理想与现实的对比练习，想象自己在未来的某个时刻处于最佳状态的情景。接下来需要你做同样的事情，关于个人学习策略中的这部分内容，你要写下这个情景的特征，越详细越好。为了更好地理解，建议你用现在时态形容看到的景象，不是"我将要……"，而是"我正在……"。不需要描述为了达到最佳状态你不得不放弃什么，或不得不去做什么，只需要描述你理想中的个人状态即可。

◎ 我的最佳状态

（未来的日期：　　　　　　）

1. 作为个人：

2. 在工作中：

3. 作为领导者：

4. 在家里：

当你描述自己的最佳状态时，要尽量明确。例如，如果你说自己“健康状况良好”，不要就此停住，要写出你能够衡量的细节，例如，“我体重 80 公斤，每周打 3 次网球”。每当你描述某个状态时，评估一下自己能否做得到。

完成这部分的个人学习策略之后，回顾一下，看看你写的是否有需要扩展、修改或与自己想成为领导者的原因相矛盾的地方。

我的现状

现在，把注意力集中在你的现状上。你或许会感觉“现状”这个说法倾向于严厉的自我批评，可能引起挫折感。毕竟一旦你设想了自己的最佳状态，对着镜子看看现在的自己，会忍不住有些沮丧。不过，回想一下比尔·拉塞尔所说的话："我有了各种原材料，只是还没形成整体。"在追求理想的过程中，会有很多你想保持和发展的方面，也会有你想放弃的方面。

因此，请尽量详细地描述自己的现状。要非常明确，如果基准不够清楚明确，在实现志向的过程中，你会缺乏辨别力。

◎ **我的现状**

（今天的日期：　　　　　　　　　）

1.作为个人：

2.在工作中：

3.作为领导者：

4.在家里：

管理创造性压力

认真做过这两个练习之后，你可能会感觉有些压力。这很正常，因为我们大多数人想开始改变，都不会那么顺利。一味地等待被理查德·博亚特兹和安妮·麦基称为“叫醒电话（wake up call）”的、能让我们醍醐灌顶的事物出现，效率低又很有风险。即便你在心脏病发作或经历了其他类似濒临死亡的事情之后，发现了自己最强烈、最有意义的志向，很可能你也已经没法再做什么了。

因此，用你的现状与最佳状态之间的创造性压力来制造“失衡感”，开始行动吧。哪些事情是你能做的高影响力行动，它们能为克服当前的惯性提供能量吗？所谓“高影响力行动”，就是你所采取的对领导力发展有事半功倍的正面影响的行动。

你怎么知道哪些是高影响力行动呢？从直觉开始想也不错。因为引用埃德加·沙因的说法，大多数领导者本来就知道自己要做什么以及做错了什么。他们只需要找个理由来考虑，决定之后还要做什么。

当然，只有直觉和自我反思往往还不够，真正有用的是外部的客观判断。因此，我在第 5 章将杰出领导力的三个核心维度的评估作为构建基础，建议你充分利用组织提供的评估和训练。回忆一下，教练、导师等在第 1 章和第 2 章里分析的许多熔炉故事中所起到的关键作用。

我们常会遇到障碍，让我们不自觉地背离重要的事情。停下来想想你最常见的分散注意力和浪费时间的事，以及突然变得重要起来的杂事。比如，写东西的时候，如果没有把 20 支铅笔削得细如针尖，整整齐齐地排在你最喜欢的铅笔盒里，你就没法写一个字。分散注意力的事与仪式不同，仪式是一种将最佳行动巩固加强，成为习惯的重要方法；分散注意力的事却是一个花招，似乎带动着我们前进，实际上却牵制着我们，因为它会形成一系列分散注意力的事情，比如，你会去想削尖的铅笔要配上某个花色的信纸，干净的桌子需要擦家具上光剂，或者还要去装袜子的抽屉里找只旧袜子来做抛光的抹布，去一趟购物中心买几双新袜子换掉旧的，顺便看看有没有领带可以搭配新买的外套。听起来很耳熟吧？

◎ 管理创造性压力

1. 我如何管理两种状态之间的创造性压力？

2. 我能采取的加速进展的高影响力行动有哪些？

3. 我常常为自己设置哪些障碍，以及我是怎么克服它们的？

动机

动机显然是个人学习策略的重要方面，如果你没做动机评估，它可能是你最不了解的一部分。正如前面所指出的，许多组织会采用这些评估。如果你要去做，请务必要一份完整的结果分析，了解其对你个人职业发展的影响。

◎ 动机

1. 什么最能激励我？（如权力、成就或归属感）

2. 我知道这对我很重要，是因为：

3. 我的职业目标的含义是：

动机评估的结果只有在你相信它并采取行动的情况下才有用。看看你能否在上面的空白处，列出你在职业生涯或生活中作出的反映动机的重大选择。试试看能否找到同样有说服力的证据来证明其他动机的影响。不过，即使你找到了一个明确的动机，比如对于拥有和行使权力的渴望，但这并不意味着这是你唯一的动机。没有人的动机是单一类型的，动机在个人发展的不同阶段也会发生变化。评估的目的是帮你加深自我理解，把你的志向与更持久的特性结合起来。

个人的志向中，职业目标通常占了一大部分，因此可以认为你的核心动机体现了你是如何看待职业的。如果你要全面考虑潜在的人格特质和工作追求的含义，沙因的“职业锚”[①]概念或许会有所帮助。根据沙因的研究，人们对 8 个主题会有偏好程度多少之分。这些主题未必能预测这个人最终会从事什么职业；相反，对照职业锚的评估结果，人们常会发现自己更能理解为什么不满意现在的工作。

学习方式

这里谈到的学习有两个层面：如何在压力和挑战下学习，比如熔炉中的情况；如何拓展从经验中学习的能力。让我们逐一来看。

请回想第 1 章中讨论过的从熔炉体验中学习的情况。研究表明，压力和挑战会引发截然不同的学习行为：要么我们会“跳回”到根深蒂固但可能很舒适的行为中，使我们很难了解当前的新事物，要么我们“前行”到学习行为。这一部分的个人学习策略从回顾你在第 4 章画过的学习生命线和熔炉故事开始。关于学

---

① 指人们选择和发展自己的职业时所围绕的中心，例如当一个人不得不作出选择的时候，他无论如何都不会放弃的职业中至关重要的价值观等。——译者注

习重要的领导力之道的条件和行为，你得出了哪些结论？你倾向于前行还是跳回？

如果你倾向于跳回，或摆出一副防守的姿态，记下你学习重要东西的方式，可能会有所帮助。你在什么事物上花了多长时间让你意识到发生了重要的事？有朋友、顾问或教练参与吗？你是否注意到别人的相关经验让你顿悟了？这些见解的来源是否不那么直接，比如你是看电影或小说才了解到的吗？这里旨在提供明确的、可重复的情况，置身其中，你能深入了解复杂难懂的方面。如果你能更多地了解学习发生的条件，就会增加去学习的概率。

◎ 学习方式

1. 我怎样学习效果最理想（根据经验）？

2. 采用库伯模型，我偏好的学习风格是：

3. 这意味着，在以下条件下，我能更好地学习重要的事情：

4. 还有哪些和我的学习方式相反和相近的学习方式？
相反的：

相近的：

扩展你从经验中学习的能力，正是利用类似库伯量表的方法评估学习方式的目标。你可以深入了解你偏好的学习方式，也能知道什么情况下可以试试其他方法。不过关键在于，它迫使你走出学习舒适区：不仅要知道你知道什么，还要知道你是如何知道的。

部分 2，明确领导者必备的三种核心能力

在你开始深入研究如何提高领导力之前，再想一下，你想从中获得什么。如果你的目标是成为公司的首席执行官，这里会有全套明确的任务、能力要求、关系链和成果，来增加你实现目标的机会。当然，不能保证一定实现目标，但辛勤的付出加上几名到位的内部教练，你就上道了。

如果你的目标是实现你回答的想成为领导者的动机和早先设定的志向，那么你需要更有效的方案。在此请允许我举一个自己的例子。女儿去上钢琴课时，我突然也对演奏产生了兴趣。我想象自己在弹我特别喜欢的曲子。演奏时，我看到人们聚在我家的客厅里，他们显然很欣赏我的演奏，我的表现也很完美。我从浮想联翩中停下来，我知道自己的现状：我还不会弹钢琴。我知道

我应该做的是去上课。女儿的钢琴教师第一天来的时候，我跟他提起自己的想法："我想象过自己演奏这首曲子，大家听了都很陶醉，但我并不想上女儿学的全套课程，只是想学会这首曲子。"

老师笑了，说："我可以教你弹这首曲子，不过有一个问题，这样你就只会弹这一首曲子，别的都不会。"

我想了 1 分钟，开始说："嗯……"但他很快打断了我。

他说："你不想什么曲子都会弹吗？"

我又想了想，大声说："想！"

"好吧，"他回答道，"那就在你女儿边上坐下吧。"

我研究过的杰出领导者，那些被证明能够终身领导的人，一定会决定坐在钢琴边上完全套课程。我将集中讨论个人学习策略的三个核心能力：适应能力，形成凝聚力以及保持操守。

适应能力

回顾你对适应能力的自我评估得分，并完成以下部分。请注意，接下来的几页提供了这个评估的各个方面，其中有活动范例和潜在的熔炉（见表 6-1），你可以用它们来增强这些方面的能力。如果公司提供任何类似的任务或角色，一定要尝试。

◎ 适应能力

1. 我的适应能力自我评估得分是 ________

2. 适应能力中，我觉得自己最需要提高的方面（得分最低的三项）以及我在接下来的三个月中可以采取的改善行动。

   方面

   行动

   ----

3. 适应能力中，我觉得自己需要提高的方面（得分居中的三项或四项）以及我在接下来的六个月中可以采取的改善行动。

   方面

   行动

   ----

4. 适应能力中，我觉得自己得分最高的方面（得分最高的三项或四项）以及我可以继续保持的行动。

   方面

行动

表 6-1　增强适应能力：活动范例及潜在的熔炉

	活动范例	潜在的熔炉
1. 寻找提升领导力的方式	针对你某一特定的领导技能的表现向同事或下属征求意见反馈，比如沟通或目标设定	去领导年轻人，比如童子军，如果你做不了领导者，就做个活跃的组织成员
2. 设定有难度的目标	取得与你的个人志向直接相关的，而且很难达到的重要成就，比如半年之内参加一场 5 000 米公路赛	追求有难度的，与你个人志向直接相关的重要成就。志向需要你从根本上改变常规生活
3. 培养新的爱好	参加培养新爱好的活动或课程，比如美术演讲、画廊开幕，或买票去看全美汽车比赛协会赛事	试试空手道、帆船、缝纫，或学门新语言
4. 了解所在组织的不同层面	找出组织中你不熟悉的部门，尤其是你不感兴趣的部门，弄明白为什么会有人觉得它最有意思	申请轮调到你不熟悉的部门，并让这段工作经历表现成为你的骄傲
5. 留意当前潜在的行业问题	阅读行业报告，找出对你所在行业或公司的重大威胁，然后进行研究，写出一整页的意见书和行动计划，与你的同事和上司分享	组织活动，召集相关问题领域的主要专家和从业者，领导他们设计出一套行动方案；这个活动既没有预算，也超出了你正式的工作范围

续表

	活动范例	潜在的熔炉
6. 找出模式	用一个下午的时间观察某项事物或业务，自己总结出有效观察的原则	与对组织最不满的客户交流，花时间弄清楚他们不满意的原因
7. 专注于梦想	选一个经常做的白日梦作为工作项目：界定范围，制定预算，并设定时间表和主要里程碑	将在组织边缘的人编成小组，和他们一起制定理想工作场所的愿景
8. 学会判断人	申请为非营利性组织筹款，这项工作要求你具有辨别谁会做出承诺，谁会履行承诺的能力	申请成为慈善组织的审查委员会成员
9. 遇到困难坚持不懈	教孩子骑自行车，或帮助中风患者恢复语言能力	申请去领导变革，领导组织精简，领导并购后的一体化或大规模的技术革新
10. 申请承担艰巨任务	愿意为警察局的市民审查委员会服务	申请服务于组织中跨职能的特别小组

凝聚力

回顾你对凝聚力的自我评估得分，并完成以下部分。请注意表 6-2 中，我们就评估的各个方面都举出了你可以实施的活动范例和潜在的熔炉，以充分增强你在这个领域的能力。

◎凝聚力

1. 我的凝聚力自我评估得分是 ________

2. 凝聚力中，我觉得自己最需要提高的方面（得分最低的三项）以及我在接下来的三个月中可以采取的改善行动。

方面

- -

- -

行动

- -

- -

3. 凝聚力中，我觉得自己需要提高的方面（得分居中的三项或四项）以及我在接下来的六个月中可以采取的改善行动。

方面

- -

- -

行动

- -

- -

4. 凝聚力中，我觉得自己得分最高的方面（得分最高的三项或四项）以及我可以继续保持的行动。

方面

- -

- -

行动

----

5. 我的熔炉故事：

表 6-2 增强凝聚力：活动范例及潜在的熔炉

	活动范例	潜在的熔炉
1. 鼓励不同意见	例会上留出时间，给可能有分歧的人发表不同意见的机会	找出在你的团队中引起无谓冲突的话题，组织会议进行坦诚的讨论；承担管理冲突的责任，确定可以采取哪些行动来减缓冲突，公开承诺自己要全程关注这些措施的执行并进行检查
2. 与从事其他行业的人保持联系	参加社交聚会，了解每个你见到的人	加入一个刚成立的组织，帮助完善愿景、达成使命和目标，然后待在组织中，观察你的工作成果，比如居民联防、课后辅导项目或地方救灾组织

续表

	活动范例	潜在的熔炉
3. 发送明确信息，使别人能准确地理解自己	评估下属是否清楚理解你在某项重要政策上的立场，如果你认为已经非常明确了，注意保持一贯性	参加领导职位竞选
4. 实施前说服别人接受自己的观点	浓缩你打算在组织中实行的变革计划，做成简要方案，提交给决策人，评估他们的接受度。优化方案，再试一次	参加领导职位竞选
5. 培养强烈的生活目标感并与他人交流	以“我相信这些”为题，写篇文章提交给广播电台	申请作演讲，讨论你生活中信奉的核心价值观
6. 积极支持下属的职业发展	为你的直接下属和至少三位非直接下属留出时间，找出他们生活中的激情所在，并向他们建议如何在工作中追寻这些激情	申请去做公立学校的导师、体育团队的教练，如果你从来没做过，也可以去做个大哥哥或大姐姐（Big Brothers Big Sisters，美国青少年志愿辅导组织）
7. 向别人寻求职业发展的建议	在工作中找人做自己的教练	形成自己的个人董事会
8. 培养同理心	找出在你领导的变革中最害怕或最担心的利益相关者，向他们征求意见，如何才能成功地变革	申请在监狱或感化机构做导师

续表

	活动范例	潜在的熔炉
9. 用讲故事的形式来阐明自己的想法	参加讲故事的研讨会或课程，练习讲自己的熔炉故事	就人物生活中的重大事件写篇短篇小说，并尝试发表
10. 分离情绪	下一次当你发现自己处于激烈辩论之中时，注意情境，留心你的身体状况，尤其是调整呼吸，放松下来	就一个你热切关注的话题收集整理证据，证明自己完全错了

操守

回顾你对操守的自我评估得分，并完成以下部分。请注意表 6-3 中，我们就评估的各个方面都举出了你可以实施的活动范例和潜在的熔炉，以充分增强你在这个领域的能力。

◎操守

1. 我的操守自我评估得分是 ________
2. 操守中，我觉得自己最需要提高的方面（得分最低的三项）以及我在接下来的三个月中可以采取的改善行动。

   方面

行动

---

3. 操守中，我觉得自己需要提高的方面（得分居中的三项或四项）以及我在接下来的六个月中可以采取的改善行动。

方面

行动

---

4. 操守中，我觉得自己得分最高的方面（得分最高的三项或四项）以及我可以继续保持的行动。

方面

行动

表 6-3　厚植操守：活动范例及潜在的熔炉

	活动范例	潜在的熔炉
1. 出于良知，反对大多数人的意见	不主动挑起争端，但下次如果你发现自己极其反对大多数人的意见，一定要说出来	公开宣传你珍视的信念
2. 测试公开和私下意见的一致性	在一张纸上写下你认为自己每天实践的价值观，要求是宣言式的句子而不是词语的列表。在每条价值观旁边，举例说明它是如何影响你最近作出的决定的	扩大你定期寻求反馈的圈子，其中包括至少一位曾公开反对你的人，让他们知道你征求他们的意见是因为你尊重他们的操守，请他们为你提供真知灼见
3. 信守承诺	作为你每次开会的惯例，无论你是否召集或主持会议，必须总结完大家的承诺后才能结束会议，并确保人人都明白你认为他们有责任履行承诺	对你支持的一个理念付出时间、精力，给予想法，而不仅是捐钱
4. 乐于帮助他人	担任组织中某个人的导师或教练，但要确保你作了充分的准备，这可能意味着你要就如何做导师或教练去参加研讨班或寻求指导	申请加入一个资源不足的小规模非营利性组织的董事会，你支持它的理念，可这个理念在你的社交圈子里并不清晰，也不风行
5. 探索引发负罪感的情形	至少确定工作中让你觉得内疚的两种情况，例如，你本可以改正一个错误但没有去做，或者你为过去做过的事情感到羞耻。就每种情况，详细写出你为什么觉得内疚，然后在旁边列出下次出现类似的情况时，你应该怎么做	去做或去参与自己引以为傲的事情

续表

	活动范例	潜在的熔炉
6. 相信自己	每天安排时间，回顾自己所做的积极的事情，并肯定自己的成绩	创业，开办自己的公司
7. 看看大家是否认为你诚实	在你的 360°评估中加入明确评价你诚实度的问题	让坦诚和透明成为组织使命的核心
8. 放弃领导	准备好让别人代替你来领导一项你既喜欢又重视的活动	承担保证一项重要任务获得成功的责任，这个任务是你关注的，但不会明确指派给你，即使成功了，你也不会得到赞扬
9. 了解你的职位影响力	朋友聚会时，为公认模仿你声音和肢体语言最像的人发奖	开始一项新任务，要求与你合作的团队成员写下一两段文字，描述他们对你作为领导者的期望。尽量达到他们的期望，并请他们匿名写下评论，评价你与他们的哪些期望相符，哪些期望相反
10. 坦然承认错误	在团队中确立魔鬼代言人，确保每次你提出任何意见，都会有相反的观点	为你或你的员工犯的错误，公开道歉并承担责任

部分 3，制定关键领域的练习任务

所有新行动都要有起始日期，在三到六个月内完成，然后换成其他新行动。这样做的目的在于给自己充分的机会，在表现的同时进行练习。关键是要找到你在工作中和在家里可以自主进行练习的事情（见专栏“企业运动员的恢复和重整”）。

由于我们倾向于采用自己偏好的学习方式，所以如果你改用相近或相反的学习方式和情境，你会发现更多个人成长、职业成长的机会。检查自己的工作和家庭情况，找出哪些情况和角色能够让你走出舒适区，拓展新的行动、观点和领导力。

企业运动员的恢复和重整

在一项著名的类似专家表现的研究中，研究人员、前体育教练杰克·格罗佩尔（Jack Groppel）、吉姆·勒尔（Jim Loehr）和托尼·施瓦茨（Tony Schwartz）设计了个人发展的方法，其核心是关于表现在身体、情感、智力及精神维度方面的相互依赖。对我们而言，最关键的是他们指出了恢复和重整，以及仪式在支持长期改善表现方面的重要性。

恢复和重整

简而言之，任何系统，无论是生理的还是心理的，满负荷运行后都需要休息。工作与休息应该相互结合，工作与娱乐也是同理。举例来说，在说明举重如何锻炼并塑造肌肉时，勒尔和施瓦茨注意到，在肌肉组织增强之前，要花时间从上举运动的紧张中恢复和还原。

恢复有很多种形式。减少技术性练习的时间，让你有机会放松并进行反思。在紧张繁忙的日程中需要集中一段时间进行排练，而后台练习也会有很多收获。后台练习时，你的思维可以随意地对领导力的各个方面进行筛选、整理，比如，当你在花园割草、看芭蕾舞、听交响乐或在林中漫步的时候。

仪式

很多时候，人们做事情都是无意识的。正如汤姆·达文波特（Tom Davenport）和约翰·贝克（John Beck）所说的，在信息丰富的快节奏环境中我们发现，注意力正迅速变成市场上的稀缺商品。如果事情并不是那么让人愉悦，或已经被认定是苦差事，就像你不能再吃甜甜圈，或要起大早去健身房一样，做起来确实很困难。找到方法，将关键的身体或心智练习仪式化，以此来借助潜意识的力量，这样做是很有必要的。

正如当你看到系在手指上的一根细绳，会想起要做某些事情一样，仪式既能让人愉悦，也会让人烦躁。小仪式可以给人休整、重组和准备的机会。比如，每天安排一点儿时间独处，反省自己的志向，类似我们此前讲的解析动机的过程。教练都会建议学生找到自己特有的节奏，以免分神，一旦开始这个进程，似乎就能自动完成动作了。勒尔和施瓦茨描述了网球选手伊万·伦德尔（Ivan Lendl）的发球仪式。网球赛中，每次伦德尔走到发球线前，他肯定会用护腕擦擦额头，用网球拍磕磕脚后跟，从口袋里掏出锯末，将球弹四次，看看准备从哪儿击球。在这个过程中，伦德尔在重新调整自己的能量，摒除杂念、全神贯注，让身体处于最佳状态。

有一位商业领袖，以能在存在巨大分歧的群体中建立和谐共识而闻名。他曾跟我讲过帮他建立起联系的一种仪式。“每次重要会议或会面前一天的晚上，”他说，“我都会坐下来仔细想想，问自己两个问题：肯定会发生的是哪三件事？不会发生的一件事是什么？第一个问题让我清楚我为什么去开会，迫使我集中精力，第二个问题让我思考需要做什么来确保达到目标。当我完成这个仪式之后，我常在第二天的会议中有种似曾相识的感觉。”

仪式，无论大小，都激发了人们对目标的有意识投入，同时降低了对为了实现目标而让人感到困难的行为的注意力。从这方面来说，仪式也是使人们始终将注意力集中于“我为什么想成为领导者”的重要因素之一。

请用表 6-4 来制定关键领域的练习任务，注明起始日期，以及你计划多久练习一次。不要想同时开始所有的事情，但也不要怯于设定每周要遵守的规则。再想想那些你能切实坚持执行计划的情形：你是在什么情况下，怎样保持专注，始终如一的？什么能支撑你坚持下去？它也许是一项运动，或者是你为考试制订的计划，也可能是戒烟、减肥，或者是你适应新工作或新地方的方法。

表 6-4　设定我的日程

	任务	开始时间	频率
我为什么想成为领导者	回顾、修订	立刻	每天一次
状态评估；管理创造性压力	回顾、修订	立刻	每周一次
动机	正式评估，回顾结果，融入学习策略	前三个月内	不限
学习方式	正式评估，回顾结果，融入学习策略	前三个月内	不限
适应能力	报名参加公司提供的领导力培训	前三个月内	一年至少上一门课
	在最有发展机会的领域练习	前三个月	每月一次
	在最需要发展的领域寻找熔炉体验	后六个月	每年一次

续表

	任务	开始时间	频率
凝聚他人，建立共同愿景	报名参加公司提供的领导力培训	前三个月	一年至少上一门课
	在最有发展机会的领域练习	前三个月	每月一次
	在最需要发展的领域寻找熔炉体验	后六个月	每年一次
操守	报名参加公司提供的领导力培训	后三个月	一年至少上一门课
	在最有发展机会的领域练习	后三个月	每月一次
	在最需要发展的领域寻找熔炉体验	后一年	每年一次
重新设定日程	回顾并修订各方面的自我评估		每半年一次
	回顾并修订学习策略		每年一次

再回顾一下本章开篇所表达的观点：设计个人学习策略，就是精心打造系统化的训练方法，让你可以边表演边练习；同时，它也将根据你的天赋和志向来量身定制。换言之，只有当个人学习策略既包含了你的想象力，又融入你的动机，它才能帮助你坚持下去。如果你发现你最有效的个人学习策略并不是我建议的这种逐条分析的形式，也没有关系。最终要检验的是它对“我为什么想成为领导者”这个问题的回答是否足够有力。

本书的第一部分和第二部分集中在个人通向领导力高手的征途上，最初的写作灵感来自本杰明·富兰克林的至理名言："无知并不可耻，可耻的是不肯学习。"第三部分，我们将上升到组织层面，看看组织可以为领导者的学习提供什么。我们会发现组织可以提供大量资源，不过是以非常规的形式。事实上，或许正是这些非常规组织向我们展示了最有创造性的方式，在那里，熔炉就是用来培养领导者的。

CRUCIBLES OF LEADERSHIP

HOW TO LEARN FROM EXPERIENCE TO BECOME A GREAT LEADER

第三部分

组织层面，将经验纳入领导者培养体系

CRUCIBLES OF LEADERSHIP
HOW TO LEARN FROM EXPERIENCE TO BECOME A GREAT LEADER

第 7 章

借助经验培养领导者

经验不在于一个人经历了什么，而在于他如何利用他的经历。

—— 阿道司·赫胥黎

造就领导者的事件更容易发生在哪里呢？到这里，相信你已然知道，课堂、评估中心、公司的外出培训、年度绩效评估，这些答案都不对。造就领导者的事件不常发生在传统的领导者培训领域，也不常发生在大多数绩效管理系统的范围之内，最丰富、最难忘的事件往往发生于领导者的个人熔炉体验时。

组织是否充分利用这些丰富的发展机会了呢？恐怕未必。事实上，我的研究表明，实施充分利用经验的流程，会给组织带来根本性的挑战。熔炉没法预先安排。无论个人还是组织，都很难说它们什么时候会出现。熔炉很有可能不会出现在工作中，就算在工作中出现了，它们也不会说开始就开始，说停就停。另外，熔炉千变万化，它们的来源或影响因人而异。

不过，熔炉也有优点：出现频繁，而且是免费的。

借助经验来培养领导者，组织能够领略到熔炉的力量。借助经验代表一种全面培养领导者的新方式，因为它将生活经验、工作经验和具体技能的发展融汇在一起。员工需要的，远远不止是一长串与职业发展有些许联系的课程和项目清单。组织要设法将个人经验和志向纳入发展过程中，而不是将它们视为界外的事情。我在此提出的，是处于事业各阶段的人都适用的方法，组织要去适应他们的需求和机遇，帮助他们走完从领导力新手、老手到高手的征途。这种方法也能帮助他们适应组织在复杂无常的环境中不断变动的需求。

一些组织已经明确要求将经验纳入领导者培养之中，本章将研究它们的成果。我们还将仔细观察几个组织，它们完全采用了借助经验培养领导者的方法，并从中受益匪浅。

借助经验培养领导者的原理

借助经验培养领导者的目标是训练员工，使他们能够深入持久地发掘自己的经验，深刻了解如何去领导，如何才能成长为领导者，以及如何才能培养他人成为领导者。借助经验的方法来自前面6章阐述的研究，以及关于学习的经典著作，尤其是约翰·杜威（John Dewey）[①]、库尔特·勒温（Kurt Lewin）[②]、保罗·弗莱雷和戴维·库伯的著作，以及沃伦·本尼斯、埃德加·沙

---

① 美国知名哲学家、心理学家，美国实用主义的代表人物。——编者注

② 美国德裔心理学家，现代社会心理学、组织心理学和应用心理学创始人，被称为“社会心理学之父”。——编者注

因、克里斯·阿吉里斯、唐纳德·舍恩等对领导力的具体应用（见专栏“学习周期”）。在被我称为借助经验培养领导者的“核心时刻”，显然可以看到他们的概念：准备、实施、更新。

学习周期

正如勒温的模型（见图7-1），学习理论将学习作为一个连续且视情况而定的过程，而非结果。学习能产生结果，形式是知识和预测陈述。但知识总是有条件限制的。也就是说，你不仅要知道原因与结果是相关的，还要知道这种关联在某种条件下可能会改变。例如，膨胀的气球如果被大头针扎破就会爆炸，但一个装满沙子的气球，如果用大头针扎破了，是会爆炸，还是只会漏沙子呢？

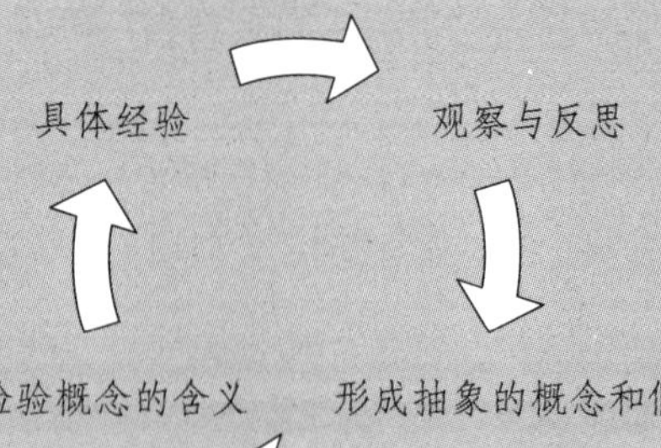

图 7-1 勒温的学习模型

保罗·弗莱雷将学习描述成一个可感知的积极探询过程：“知识只有通过发明和再发明，通过人类永不停息、迫不及待、连续不断、满怀希望地对世界、对彼此的探询才能产生。”

所有试图影响人类进程的人都深知知识依赖于情境，而对情境的了解对于有效行动来说至关重要。深刻理解动机理论或群体动力学固然不错，但是如果你没有掌握关于历史、主流价值观的背景，则很容易失败。领导者面临巨大的挑战，因为情境很难长时间保持稳定。今天的机会很快会变成明天的阻碍。

基于这些原因，学习的敏锐度和领导力发展天生就是联盟。领导者需要深入的技巧，来观察、解读和诠释周围的人和情况（准备），设计、实施实验，以检验他们的所知（实施），并根据初步结果和反馈进行调整（更新）。大到要扭转业务的下滑趋势和没落的文化，小到测试高管团队成员的一致性，无论时间是几个月还是一小会儿，这个逻辑都同样适用。

不过，我想做的并不只是再创造一个有趣却很难组装的模型。我希望能将大多数组织已经在实行的领导者培训行动——能力评估、课堂培训、职业发展方案、接班人计划、绩效管理等，与实际工作任务、技术的创新应用，以及最重要的个人学习策略联系起来，以前所未有的速度增加各个层面上的领导者数量。

虽然这项任务看起来艰巨复杂，其中的道理却很简单：我们知道具体的经验，尤其是熔炉体验，不仅是学习过程的重要组成部分，也往往是最好的老师。不过，我们也知道，经验本身是不够的。个人必须做好充分利用经验的准备，要有观察技巧，适应实验技术，对自我有深入的了解，这样才能从经验中萃取智慧。获取所需的技能、洞察力和自我认知都是个人学习策略的要素，而达到这些要求的责任应由个人，而非人力资源部承担。只有自己才了解自己的志向，才真正了解过去的经验、价值观以及先入为主的成见如何塑造了自己的所见；只有自己才能坦诚地评估自己的学习方式，以及了解为什么采取这种方式；只有自己才能选择愿意为学习承担的风险。

组织有个人所需的资源，比如自我评估工具、课堂培训、教练以及经验资源等，这些资源使组织可以实施有价值的技能应用，提供领导力课程。组织可以制定流程，如评估、跟进、个人发展规划等，来指导领导者候选人的选择和培训。可如果这些经验和流程不符合个人的志向、动机和学习方式，我们就没理由相信组织能达到我们期望的结果。如果没有根据被评估者的能力和选择来分析性格评估和学习评估的结果，那么测试和跟进工作对培养领导者来说是事倍功半。换言之，组织定期布置任务，但发展与实施之间往往只有松散的联系。经理要么不过问领导者候选人应该从任务中学到什么，要么过问了，但没有跟进检查是否达到了预期的效果。充实领导力的队伍并不只是提供发展方案就行了。

最后，我们不应期望现任领导者或领导者候选人会自动拥有从经验中更新学习、自我提升的能力。在许多组织中，有些人在职业生涯早期就因表现优于同侪而跻身上层，这让他们很容易得出结论，认为后续的佳绩，特别是搬入高管办公室之后的佳绩来自他们对已知事物的打磨和提炼，而不是去实验和学习新事物。

借助经验的方法并不排斥已经在评估中心和培训计划上投入的时间和金钱。组织可以利用这些投资，但它要求对负责确定和培养下一代领导者的高层管理人员，以及负责招募、培训接班人的专业人员重新定位。

简而言之，组织必须负起责任，提供强大的资源和持续的流程来准备、实施和更新现有的和未来的领导者，更积极、更具创造性地利用经验。如果组织真的想把从经验中学习作为核心价值的话，这种责任必须明确，并得到高层管理人员的支持。

借助经验培养领导者的过程

所幸的是，营利性和非营利性组织都能提供范例，告诉我们借助经验培养领导者的大致情况和潜在收益。丰田、波音、通用电气等公司和麻省理工学院的制造业领导者项目等，已经率先行动起来，利用经验进行学习。

然而，我们将看到，很少有组织能成功地将熔炉体验整合到领导者培训之中，即使很多负责培训领导者的人已经意识到经验是最好的老师这个道理。实际上，当谈到设法将经验应用到领导者培训上时，很多人倾向于待在舒适圈里。他们把范围限定在相关行业和环境中，不考虑可能有人在其他环境中已经解决了他们的问题。他们制定的是我在第 4 章所描述的那种教育储存模式：半工业化的流程，以单位成本作为关键绩效指标，将知识一股脑儿教给学生，以备后用。他们鼓励有抱负的领导者获取经验，接受艰巨任务，承担风险等，但是就如何从经验中发掘智慧，却很少能提供有价值的指导。

即使组织认识到了熔炉事件的影响，也会发现让领导者和领导者候选人讨论这些很困难。一家大型制药公司的首席领导力高管言简意赅地说："把生活经验和工作经验放在一起依然是禁忌，即使这样能让人拥有更深刻的见解，将他们造就成领导者。所以，我们花了很长时间才做到现在这个样子，从个人层面对高管人员的发展过程进行实验。"

具有讽刺意味的是，他接着说，当高管们谈论将他们塑造成为领导者的事件时，倒是非常开放。我与数以百计的商业和政府机构领导者的访谈也证实了这一点：只要有机会，领导者都愿意谈谈自己的个人发展经历，实际上他们都很健谈。这么看来，限制因素可能不是个人隐私的问题，而是组织利用这些宝贵素材的能力。组织中负责培养领导者的人就像是高楼大厦里的住户，看到楼下有人抢劫，他们很愿意帮助，可不知道该做什么。

接下来，让我们仔细研究借助经验培养领导者的三个核心环节：准备、实施和更新。

准备

准备，就像网球选手等待接球时的样子，他不停地移动、观察和调整，预测要发生的事情。摩托罗拉公司的鲍勃·高尔文也很强调这一点，他告诉我："你必须做好行动计划，对要发生的事情心中有数。"

通常组织在教授分析技能方面表现出色，比如教导如何诊断、处理问题，但在帮助领导者提升感知和观察技能时却有些犯难。如果他们仔细研究一下波音公司的故事，或许会有所收获。

波音公司

致力于从经验中全面学习的领导者预备项目在波音公司实施好几年了。公司把这个项目与企业战略直接联系起来。波音因其商用飞机而闻名，公司发展迅速，收购了竞争对手麦克唐纳·道格拉斯公司（McDonnell Douglas）、罗克韦尔国际公司（Rockwell International）的部分业务和休斯航天与通信公司（Hughes Space and Communications），出色地完成了技术整合任务。同样引人注目的是，公司储备了新一代管理者来领导整合后的业务。领导者的发展和培训成为实现公司一体化的核心动力。

波音公司培养领导者的策略之一是成立领导力中心，它既是公司领导者的训练场，又是他们的交流中心。中心的显著特色是协作学习，它使公司里互不相干的部门中了解不同产品和技术的领导者互相熟悉，这有助于下一代领导者达成共识。核心阶段在于精心设计的计算机模拟过程，使领导者们有了在高压环境中协同工作的机会。

我们来看看波音公司模拟的一个刚具雏形的水下运输业。模拟围绕一家名为 AquaTek 的公司，还有两个它的虚拟竞争对手展开。参与者被分配到一个业绩增长迅速的小型行业中的主要职能部门，并给出了切合实际的预算和制约因素。基于模拟中的经验，他们要起草学习契约，而这项契约反过来又为负责后续跟进的教练提供重要指导。即使在模拟之中，教练也能帮助个人和团队总结经验。

模拟经验类似美国职棒大联盟的春训。时任波音空军系统副总经理的罗恩·马科特（Ron Marcotte）说："这个模拟让人离开了自己的舒适区，促使人们去了解其他人做的事。到最后一天，你要向真正的首席执行官汇报，神经会紧张到极点。"这是一个理想的培养领导者的过程，它的另一个好处是为公司分散在各个部门的领导者提供一个交流中心，让他们有机会直接观察彼此的业务优势。

波音公司培养领导力的另一个策略，是被称为"路点"（Waypoint）的试行项目。这个创意来自人力资源部副总裁和研究小组。"路点"利用摩根·麦考尔的研究成果，创建了一个数据库，记录波音公司的管理者在访谈中提到的、从各种任务中得到的关于领导力的经验和教训。这个数据库的主要作用是，一旦管理者和他们的职业生涯指导规划出事业发展的关键转折点，确定了发展需求，他们就可以在数据库中查阅相关资源。

在持续 5 年对波音公司管理者的集中访谈和系统追踪之后，“路点”积累了大量的数据和观察结果，创建了一系列职业生涯规划工具，包括不断增加的各种发展机会的分类目录，以及配套的公司门户网站。员工和职业生涯指导可以通过网站访问波音公司管理者借助经验推荐的资源。

有意思的是，从经验中学习已成为麻省理工学院这家因研究实验室而闻名的教育机构的创新特色。

麻省理工学院的制造业领导者项目

20 世纪 80 年代中期，美国经济面临衰退，国际制造业外包业务刚刚起步，教育界、政府机关和业界代表在麻省理工学院开会，就美国工业弊病的根源进行自由讨论。会议的结果体现在 1989 年出版的颇有争议的《美国制造》（*Made in America*）一书之中。书中指出了大型制造企业存在的领导力真空局面。一方面，美国公司在产品研发方面目光短浅，不愿意向优秀的全球竞争对手学习，同时，顶尖的领导者人才也一直避开制造业职位。为了解决这些问题，几家公司联合起来，开设了一个教育研究项目，称为制造业领导者项目（the Leaders for Manufacturing

program，简称 LFM）。

LFM 着重培养技术和组织两方面的领导力，没有其他任何地方像这里一样强调领导力的教育和培养。从一进校园开始，学员们就完全沉浸在领导力的讨论和实践活动中。在为期两年的项目中，无论是对于组织问题、技术挑战，还是个人目标，领导力始终占据核心位置。在成员超过 700 位的校友圈子里，它也成为各届毕业生交流的一个热点。

LFM 项目的开设前提是认为用传统方式是不能教授领导力的。时任 LFM 总监唐纳德·罗森菲尔德（Donald Rosenfeld）表示："经验对学习过程至关重要。因此，有机会对实践进行反思也一样很重要……要把领导力培训的分析层面与个人经验结合起来。"该项目从几个方面来实现这一目标。比如，这里的学员平均有 8 年的工作经验，来自不同行业。第一周，学员参与名为"心怀天下"的特别活动，目的是让学生开阔眼界，了解自己的学习方式；了解在跨文化、跨行业交流中，思维模式如何影响他们的认知，制约他们的交流能力；了解他们作为一个群体，如何基于团队合作和竞争发挥集体智慧。这个阶段重视观察和推理，它为学生的实习期打下了宝贵的基础。实习是该项目的点睛之笔。

结束了第一年的管理和工程类核心课程后，学员分赴各赞助公司，进行为期 6 个月的实习。他们接受任务，参与或领导团队解决制造业的一些重要问题。实习就像是进入一个实验室，评估和应用世界级制造和供应链管理的理念，同时，它也提供了实践的机会，学生获得了领导组织变革的经验。后续的领导力与变革课程则要求学员总结经验，了解自己从工厂车间里学到了什么。

学习并不会随学员毕业结束。事实上，LFM 项目的鲜明特征之一，就是校友网络的规模和活力。他们会举行年会，探讨生产实践和商业战略的新发展，探询项目管理者如何使教育过程和内容与业界的发展同步。此外，在班级、小组和实习期间的共同熔炉体验中培养出来的信任和相互尊重，使校友网络成为宝贵的意见来源，类似于我之前谈到的世界青年总裁组织论坛。

当然，如果你面临熔炉时紧张失措，退回到旧日习惯里，那么世上所有的准备工作对你都没用。所以组织中这一环节至关重要：组织要设法支持领导者，让他们能够实施掌握的新技能。

实施

很多组织管理领导力资产并不像它们管理资本资产那么上心和有条不紊。它们通常不会及时处理领导力问题，发现不对时已错失良机。它们发现，当前的领导者候选人总是欠缺一些技能或眼光，而这本应是在多变的竞争环境中取得成功的关键。这些组织对担任高层领导者十几年的人知之甚少。这些人怎么思考，从自己的工作中学到了什么，关心什么，如何界定自己和组织的成功，它们都不清楚。

不可否认，人员变动是行业所面临问题的部分原因，但同时要注意的是，很多组织试图在工作中培养领导者，却以失败告终。以下几家以财务实力和丰富的智力资本而著称的组织，也许能让你对有效借助经验来培养领导者燃起希望。

通用电气公司

虽然通用电气作为领导力培养范例已被翻来覆去研究好多次，但我们仍能从中得到一些根本性的启发。最重要的一点就是，学习和实践是融入组织流程和企业文化血脉的方式。

通用电气公司在杰克·韦尔奇在任期间，以其对各级领导者的选拔和发展所投入的关注而享有盛名。韦尔奇孜孜不倦地在整个组织中发现潜在的领导者，借助公司的多样化业务提供不同类型的领导机会，例如，拓展或稳定市场、开发资本密集型或劳动力密集型的业务、领导有工会或无工会的分公司，并利用每一次演说、拜访供应商、公开活动等机会寻找外部的优秀人才。韦尔奇被人称道的另一点，是他宣称培训领导者的任务太重要了，所以不能单独交给人力资源部去做。很大程度上，正如史蒂夫·克尔（Steve Kerr）[①] 所解释的那样："1992 年，韦尔奇认为，试图为不确定的将来做准备是愚蠢的。我们决定，要努力储备应对变革的领导力，将其作为公司的核心竞争力。"

---

① 通用电气公司前首席领导力总监，担任克罗顿维尔管理教育中心总监多年。——译者注

克尔这番话的关键是“公司的核心竞争力”。换言之，它不是培养某一级别的领导者，而是要覆盖所有级别。韦尔奇以及他的继任者杰夫·伊梅尔特（Jeff Immelt）没有将目标限于高管层，而是致力于将变革领导力深入到组织之中，通过学习和实践的巧妙结合，建设约瑟夫·雷林（Joseph Raelin）所说的“领导者的组织”。“群策群力”的方法因其能大幅提升绩效而备受推崇，它正是亲身体验与培训的结合。培训向一线员工、初级主管和管理人员开放，涉及如何合作解决问题，如何及时有效地决策并执行。“群策群力”中收获的经验会持续发挥作用，因此培训的投资也会一直产生回报。通用电气公司推行六西格玛和加速变革也是这样：在重视持续提升绩效的同时，每个项目都建立起一套结构化实验、分析和学习的稳健机制。

和很多专业服务组织一样，管理咨询机构的兴亡在于智力资本，不仅仅是软件或手册中的记录，还有藏在员工脑子里的技术秘密和技能。如果领导者缺乏经验，确实会在一夜之间把这些智力资产逐出公司。由于这个缘故，像埃森哲和德勤这样的机构，在为客户解决问题的同时，也在努力培养领导者。

埃森哲和德勤

像许多专业服务组织一样，埃森哲和德勤都是按项目运作的。但与许多同行不同，它们的项目不仅为客户提供服务，还能同时培养和考验领导者。

咨询项目时间长度不定，几个月到一年或更长时间都有。在此期间，埃森哲公司通过团队和同事回顾工作，向项目经理提供对团队表现的持续性反馈。面临时限和客户期望的高压，公司必须迅速解决出现的问题。反馈必须快速、坦诚，具有建设性。所以，管理者要能立即将反馈整合到变动的实际情况中。这正是两家公司在培养项目领导者的人际和技术能力方面下大力气投资的原因所在。

埃森哲的 MyLearning 平台和德勤的全球学习技术平台，都是旨在为员工提供全面的资源。具体做法是，它们建立基于互联网的数据库，允许个人设定自己的学习计划（通常是与职业顾问合作完成），随时访问内容丰富的在线培训材料，确认哪些项目可以提供针对特定技能的训练，并分类管理他们的成果。

德勤的职业生涯价值地图是一个在线互动的职业发展工具，其主旨是将个人兴趣与工作任务，比如新开始的或正在进行中的客户项目里的任务统一起来。按照德勤的首席学习官尼克·范·达姆（Nick van Dam）的说法："任务的一半目的是帮助个人明确他们想达到什么样的职业目标。如果他们能清晰表达自己的兴趣和志向，我们就可以引导他们搜索相关的经验。"在超过 9 万名雇员的全球化公司里实现这一目标绝非易事。

大多数组织中发生的变化是一个持续的过程，因此学习也必须是持续的，尤其是作为领导者。如果将学习看作片段，如课程或定期研讨会，就会认为学习只发生在规定的时候。但在借助经验培养领导者的过程中，更新总在不断发生。

更新

《极客怪杰》用“赤子态”这个词来形容终身学习者，他们会将学习贯穿于生活，而不仅仅是工作中。他们乐于学习新知，尤其是有助于他们改善表现的新知。展现出赤子态的领导者永远不会无聊，不会对变化感到厌倦，他们经常把对现状的破坏诠释为成长的挑战。

大多数组织在面对紧迫但相互矛盾的需求时显得无所适从。无论是陷入僵局，还是仅能顾及一方，都会因为不能兼顾或不能折中而气馁。因此，当领导团队面临是保持思想一致，维护稳定，还是多方位思考来促进变化的两难选择时，很多人会选择前者，直到行不通。到了走投无路时，他们就会转向多方位思考，比如请一个外人做首席执行官。

幸运的是，有些组织通过努力保持稳定，也找到了更新领导者经验的方法。丰田公司就是个很好的例子。

丰田公司

丰田公司有很多帮助个人学习并发展领导力的培训，这些培训融合在表面上看来和领导力没什么关系的倡议和项目之中。据杰弗瑞・莱克（Jeffrey Liker）关于丰田公司的书中所写，丰田的主管和经理常常会被委派一些任务，需要联系他人协助提供信息、资源、人力等支持。这些任务的目的是使员工有机会得到指教与辅导，并有机会实验新的管理和领导风格。尽管总是更新制度会偶尔被看作是丰田“偏执狂”一面的证明，但它还是被普遍应用于个人、小组、技术、产品和整个组织。它是一种文化，一种领导理念，旨在将学习作为免于掉进成功陷阱的方式。

丰田公司的制造系统蕴含四大基本原则，创造性地描述了借助经验进行更新的强大力量。根据史蒂文·斯皮尔（Steven Spear）对丰田公司的研究，这四大原则如下所示。

- 第一手观察是不可替代的。在诊断机械故障、业务职能或管理实践中的问题时，观察记录能力必不可少。丰田的管理者不回避数据汇总、统计等，他们早就学会了观察员工和流程，而不是直接跳到结论。想有效做到这一点需要训练。直接得出结论非常容易，可也很容易忽视重要线索和潜在问题。
- 变革建议要结构化，以便实验。规范化的方法不仅易于员工理解，也使他们学习起来更有效。不能认为什么都是理所当然的。所有级别的员工也要清楚理解在实验中，需要某种形式的计划和控制。
- 员工和管理者要尽量多做实验。小型、简单的实验，不仅能加快改善和学习的步伐，也能增加员工们敢于冒险的胆量和信心。
- 管理者应当做辅导员，而不只是修补问题。领导者必须愿意学习，也必须鼓励别人学习，正如斯皮尔的观察："事实上，职位越高的管理者，越不可能自己解决问题……这种非同寻常的员工与管理者的关系，形成了组织各层级之间高度复杂的问题解决方式。"

丰田公司的这些原则，没有一个看起来不同凡响。然而，合在一起，它们就构成了从经验中学习的方法：简单、适用、广泛。更重要的是，这是一个学习过程，丰田依靠它来保持竞争中的领先地位，通过迅速的技术变革，不断完善产品开发流程；它也是一种工作方法，已经成功地传播到全世界。

现在，让我们来看看另一家汽车公司，它也提供了更新方面的启示。

福特汽车公司的虚拟工厂

帮助阅历丰富的人换个角度看世界的一个常用方法，是让他们离开熟悉的环境。丛林中的会议和田园式环境中的企业大学课程，都鼓励大家做个深呼吸，摆脱工作中的狭隘视野。因为在日常工作中，总是万事紧急，你都没时间停下来思考。

2001 年，福特汽车公司成立了虚拟工厂，设在一个毫不起眼的砖楼里，位于密歇根州迪尔伯恩海茨（Dearborn Heights），临近一段拥挤不堪、修个没完的高速公路。"工厂"设在一个房间里，由一大圈电脑网络构成，分段代表不同的装配工厂：底盘、白色车身、内部装配和最后总装。这里看不到汽车，只有卡通部件慢慢穿过每台电脑的屏幕。每台电脑代表一个工作站，比如，门挂在尚未喷涂的空底盘上。模拟的升降叉车、工具箱、医务室构成了整个布景。

自成立以来，已经有 4 000 多名员工从工厂“毕业”，好评如潮。无论他们是装配工、机器操作员、一级督导、工程师，还是工厂经理，离开时都已经亲身体验了公司基于精益工程和精益制造的原则和实践所期望的未来工厂的样子。他们不是在玩视频游戏，而是在督导、生产线工人、老练的零售商、工会委员、工程师等角色间轮换。压力、噪声、紧张、时间限制，都借助精心的设计，让参与者感到身临其境，比如模拟材料短缺、工伤事故、机器故障、经理突击巡视，以及在没有窗户的车间里值 8 小时的班。班组会议的重点是流程改善、团队建设，以及由训练有素的观察员进行一对一的辅导和反馈。受训的老手纷纷称赞模拟的真实性，也惊叹规则和角色的轻微改动使自己行为发生的变化。

借用虚拟工厂主要设计师之一侯赛因·尼维（Hossein Nivi）的说法，虚拟工厂无异于创造了“教学的范式转换：重点在学而不在教”。他说：“传统的教学技巧，导致学生不用心，对只背诵教科书的老师敬而远之。而在虚拟工厂中，学生通过模拟中发现的材料来学习，他们会发展应用这些发现所需的心智和肌肉。”

设计该工厂的核心前提简单而熟悉：生产领导者很少有机会

实践新技能或新的工作方式，而模拟提供了时间和方法，帮助参与者挑战新的实践，提升自己，让他们在身处模拟状态时，想想现实中的替代方案，并进一步激发学习的热情。

熔炉是一些转型事件，让人从中得到教益，了解成为领导者的必要条件。熔炉使人懂得如何适应，如何发动他人，如何实践操守。同时，也使人对自己的学习方式和如何持续学习有了更多了解。熔炉错综复杂、劳神费力、令人畏惧，但它们频繁出现，而且几乎没有成本。正如我在本章阐述的那样，挑战在于组织如何积累和运用经验，来帮助有抱负的领导者成为老手，成为卓越的领导者。

所幸的是，愿意自行培养领导者的组织依然拥有经验的力量。但是，很少有组织可以在学习周期的所有阶段贯彻这一点。有的组织善于准备和实施，但尚未扩展到更新阶段。有的组织力求更新，可是没能将其成果与准备的努力联系起来。大多数情况下，潜在的领导者被分派到一些工作或区域，这些工作或区域中蕴含着让他们从经验中学习的机会，但大多数情况都没让他们做好准备，而且几乎都忽略了更新。

从通用电气、丰田、福特、埃森哲、德勤、麻省理工学院的例子中，我们能够提炼出有效借助经验培养领导者的五个标准。

- 帮助领导者明确他们的愿望和价值观，增强从经验中培养的洞察力。

- 领导者要学习技能，学会判断，这两点组织都可以培养。
- 反馈要迅速、坦诚，并及时融入行动的调整之中。
- 鼓励领导者将实践作为终身的追求。
- 对领导者和谋求自身发展的组织来说，适应能力都是必不可少的。

下一章中，借助经验培养领导者的两种核心模式会合并起来。对个人而言，是以个人学习策略为核心的专家表现模型；对组织而言，是准备、实施和更新。

CRUCIBLES OF LEADERSHIP

HOW TO LEARN FROM EXPERIENCE TO BECOME A GREAT LEADER

第8章

统一组织需要与个人能力

学习不是被迫的……生存也不是被迫的。

——爱德华兹·戴明

你不能教别人任何东西，你只能引导他自己去寻找答案。

——伽利略·伽利雷

爱德华兹·戴明[①]和伽利略准确地捕捉到许多组织所面临的进退两难的困境。学习是必须做的，可又不能强迫。领导者个人需要成长和发展，深化技能，培养能力，拓展能掌控情况的范围。组织需要领导者这么做，并非因为组织开明，而是因为杰出的领导力不可或缺。

组织不能教会人领导，但它们能够而且应该提供学习和实践领导力的途径。组织不能迫使个人努力去成为高手，但是它们可以鼓励并支持有抱负的领导者深入观察，增长见识，让他们更出色。组织不应该故设逆境，但的确要认识到熔炉体验的转型力量，提供必需的资源来帮助人们从中获取智慧。

可惜的是，这种进退两难之境往往被曲解了。无论公共的还

① 世界知名质量管理专家，戴明学说对国际质量管理理论和方法具有非常重要的影响。——编者注

是私人的，也无论规模大小，各种组织都面临充满不确定性、复杂性以及具有潜在风险的前景。处理不确定性需要强烈的方向感和坚持不懈的毅力；处理复杂性则需要领导者能够动员专家网络，而不是去强化偏好稳定和常规的金字塔。由技术、竞争、地缘政治，或三者共同作用推动的颠覆性变革，需要组织找到具有适应能力和创新能力的人才。

也就是说，组织需要更多的领导者，领导者需要动员他人，而不仅仅是发号施令，他们要致力于持续的、有成效的改变。我们需要的，是学习型的领导者。

本章将介绍借助经验培养领导者的方法，它们可以帮助组织以前所未有的速度和规模培养更多的领导者。首先简要回顾本书的关键性发现，这个发现不是总结，而是作为前奏来提醒我们，组织的这项任务是多么有挑战性。然后会重点讨论组织领导者和专业人士的行动计划，他们必须重新整合现有的资源，来实施借助经验的方法。这一部分我会强调个人学习策略的作用，它能整合个人与组织的需求。最后，本书以提出对当代领导者的期许作为结束：为培养下一代的领导者承担起责任，更重要的是，也为更远的未来培养领导者。

以个人策略为核心的专家表现模型

卓有成就的领导者都认为经验是最好的老师。通过熔炉，他们学到了具有重大意义的领导力启示，并将其整合到自己的领导风格中。在这些重要的事件和经历以及无数次的考验和尝试中，失败往往比耀眼的成功更常见，失败会抓住他们的衣领，问“你为了什么”和“你要做什么”，无论他们的年龄、性别、国籍、天赋、个人魅力如何。最终，这些经验会让人前进，成为与以前不同的人，做以前没做过的事。

熔炉很难预测，种种事件各不相同。它们有时在工作中出现，但工作往往只是背景，是学习发生的地方，而不是对人们影响最大或引发学习的地方。商学院的课程案例里，总是孤独的决策者凝视一团即将来临的乌云，沉思着公司生死抉择的大问题；但是，当你让他们讲讲自己的关键时刻时，你常常会听到一些在更小、更个人化的“舞台”上发生的事情，这些事可能发生在业余时间里、在生活闲暇中。遗憾的是，你永远不知道什么时候你可能学到领导力的重要启示。

我发现，借助经验的领导者的一个关键特质，是他们善于抓住学习机会。像网球选手等待发球那样，他们总是注意自己的双脚，重心前后移动，准备在瞬间转换方向。这种准备程度，得到了可以察觉方向和意图的微妙线索，而这是练习的结果。这种能力是天生的还是习得的并不重要；但如果不练习，它是没有用处的。这同样适用于识别学习机会，尤其是识别熔炉。因此，练习非常重要。

练习并不是领导者在业余时间才做的事。因为正如我们所知，领导者的业余时间极少。真正的学习型领导者总在练习，无论他们在“演出”还是在“台下”。他们会实时进行实验，正如造诣深厚的小提琴手、舞蹈演员或运动员那样，尝试不同的表现，以获得更出色的效果。

这些领导者都有一个重要的特质：有自己的个人学习策略。无论是否有意识地认识到这一点，也无论它以什么名目出现，或被形容为某种特征、风格，他们取得的成就，正是对他们如何学习，如何有效提高领导力及其原因的深刻理解。个人学习策略是深刻的个人契约，是个人对自己的志向、动机和学习方式的真实意识。这并不是一个可以强加的策略，领导者必须自我发现。将有造诣的领导者和表演者的经验相比较，我们可以看到，个人学习策略是通过以下过程激发出来的：自我评估，掌握基本动作，指导，反馈，练习、练习、再练习。

组织培养领导者的具体方法

经验是组织尚未充分利用的资产。经验不会贬值，但事实表明，经验的利用是严重不足的。人们被分派各种任务，盲目地希望只要完成面前的任务，就能学到重要的东西，获得智慧、见识和判断力。组织设定轮岗计划，希望通用的管理技巧和跨职能思考方式会自动出现。管理者通过培训和奖励来实施控制，控制预算、流程和员工，却会因为挫折感而愁眉不展。这样的管理者，为什么不容易成为变革的领导者？把经理提升为高管，指望他们仅凭直觉就知道如何把关注的焦点从解决问题转到组织愿景与战略上。但是，盲目希望并不是明智的投资策略。

那么，更好的投资策略究竟是什么呢?

要回答这个问题，我们必须冒险进入一个目前尚不存在的世界。正如我在上一章试图阐述的，丰田、通用电气这样的公司和麻省理工学院这样的机构，正暗示着在这个世界上存在的一种可能性。埃森哲卓越绩效研究院曾研究发现，本田、澳大利亚国家银行、宝马、瑞银、美敦力（Medtronic）、为美国而教等，这些形式各异的组织，都在努力将工作经验和领导力发展更加紧密地结合起来。越来越多的组织采用任务学习项目作为联系学习与行动的方式。虽然任务和学习之间的联系有时似乎有点牵强，但项目参与者几乎总是对从合作解决问题中得到的收获大加赞赏。最后，这些组织都普遍鼓励或要求员工制订长期的个人发展计划，而不仅仅是粗略的年度目标。

然而，借助经验培养领导者的组织，对领导、学习的态度也会展现出本质的不同。借助经验培养领导者的组织会训练员工持续地发掘经验，以洞察如何才能领导他人，如何才能成长、适应成为领导者，以及如何将他人培养成领导者。这种领导者的培训方式，将很多组织现有的活动，比如课堂培训、评估中心、职业发展、接班人计划、绩效管理等与实际工作任务和信息技术的革新结合起来，建立完整的流程，为组织的各个层面培养领导者。

第 7 章我们考察了借助经验培养领导者包括的三个主要过程：准备、实施、更新（见图 8-1）。本章我们将探讨组织如何真正在实践中使用这些概念。

图 8-1　借助经验培养领导者的过程

准备

领导力学习需要个人在几个重要的方面做好准备。让潜在的领导者准备好，然后充分利用轮岗计划，学会有效地做决策和沟通等技能。组织需要帮助个人学习一些基本的技能，比如，如何将事实与认知分开，一针见血地提问，评估风险和后果。否则，他们怎么能注意到有关一致、分歧、信任及参与的关键信息？这往往取决于文化背景，而文化背景是隐藏于陌生情境下同事、下属、合作伙伴以及客户的措辞、肢体语言和面部表情之中的。

要想觉察这些信息，有抱负的领导者必须考虑自己的动机、志向、价值观、成见和期望如何塑造自身所见，以及如何恰当地运用个人学习方式，帮助自己适应变化。这样的准备，需要专门留出时间，认真评估个人深层的志向和动机，而不是做那种回答20个问题的性格测试，得出偶然的情绪结果。如果领导者允许并鼓励个人去挑战被视作理所当然的言论和做法，那么员工的准备程度和意识程度就会更高。反之亦然。

实施

工作内外的经验，提供了一片学习的沃土。简而言之，如果练习能改善表现，那么练习应该得到合理的地位，即作为领导者基本的有意义的活动。万达·兰多夫斯卡（Wanda Landowska）宣称："如果人人都知道怎么练习，那么大家都是天才！"她协助发起了羽管键琴在20世纪的复兴运动。兰多夫斯卡说得没错，个人需要实时有效地练习领导力技能。但人们要理解的是，所有表演、表现的机会，像音乐会或外科手术，都是学习的机会，在注重练习效果的同时，更需要用心努力。上司和同事要鼓励这种表现与练习的融合。的确，如果缺乏对行动和反省的鼓励，人们是不大可能发展自己独特的领导洞察力的。

因此，组织需要提供技能培训，提供实验和练习的机会，提供如何发展领导洞察力的指导。波音公司和其他一些公司已经开始以类似的方式，将从各种任务中获得的领导力发现进行分类。组织要重点关注不同的角色和任务伴随的学习机会。学习机会形式多样，有重大的类似熔炉的事件，比如金融灾难后恢复重建，重振员工士气，启动产品或工序的彻底革新；有传统的挑战，比如去海外工作；也有我们期望领导者天天做的平凡却重要的事，比如辅导一个自觉怀才不遇的员工，进行渐进式变革，提供值得学习的样板。

更新

正如摄影师必须“修图片”再保存那样，组织和个人都要设法更新和保存所学的东西。学者诺尔·蒂奇在对不同情境中的卓越领导者的观察中得到灵感，强调“可传授的观点”的重要性。组织也要鼓励有抱负的领导者将经验塑造成个人管理观的一部分。但个人管理观或可传授的观点要能随着不同的经验和挑战的出现，进行调适和修正。有些挑战来自领导者的生活，但它们能够而且应该被补充到领导者群体共享的经验教训中。

按照领导者这个角色的天然属性，领导者鲜有单独工作或学习的。事实上，麻省理工学院的制造业领导者项目和世界青年总裁组织的经验表明，最有效的学习发生在领导者接触到愿意提出挑战，愿意进行说服、评论和关注的人的时候。因此，在准备阶段，组织需要采取明确措施，建立建议学习网络，他们可以从中寻求坦诚中肯的实时建议。在实施中，一群人可以构成分享见解的学习型社区，成员的困境、问题和成就都可以提出来，被分析、被理解。

与个人学习策略相结合

有抱负的领导者的职业发展计划或个人发展计划存在的问题是，它们顶多在个人志向、个人动机与组织正式或非正式的人力资源流程之间建立了些许联系。绝大多数情况下，职业发展计划或个人发展计划的制订，与年度目标设定相差无几，由未经训练的管理者贯彻执行，无法透过表面进行深挖，探索真正的动机和志向。

个人学习策略，可以作为借助经验培养领导者过程中个人和组织之间的重要联系。虽然个人学习策略是一种极为个性化的契约，但它是要在组织中实行的。组织是训练场，是舞台，也是工作室。组织中的同事是队友、同台演员，也是观众。客户、股东、下属和老板是评论者。无论演员觉得演出有多出色，最后写评论的还是组织及其利益相关者。

基于这个原因，组织要做的远远不止列出必需的领导力清单、课程和研讨会。它们还要鼓励每个人，至少是每个渴望发挥领导作用的人打造个人学习策略，将它作为一份正在执行的文件，而不是制定出来就丢在一边的东西。此外，组织需要将领导者看作是基于技术和领导观的职业（见图 8-2）。也就是说，通过用心的结构化练习，个人有望获得更深入的领导力技能。技能不用就会停滞不前，滥用则会被削弱，同时，它们也会被实际情况的进展所淘汰。因此，它们必须时时更新。

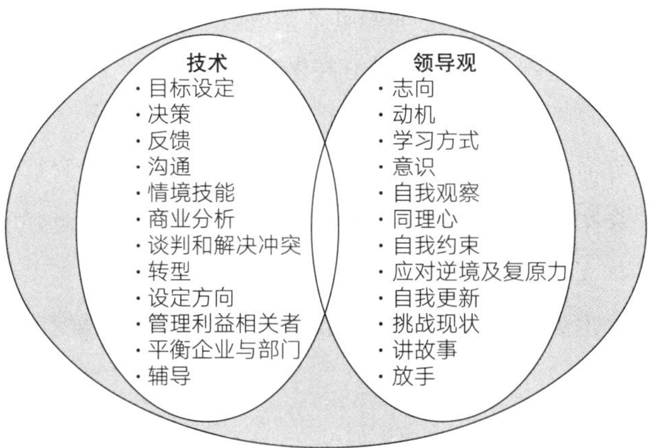

图 8-2 个人学习策略

事实上，领导者与雇用他们的组织有一个共识：学习在整个职业生涯中都是不可或缺的。组织期望个人能够持续学习，以有效地发挥他们的作用。相应地，无论领导者处在组织中的哪个层级，个人也期望组织提供可供学习的经验和资源。因此，领导者对学习的期望与所在层级没什么关系，准备、实施和更新都应该跨越组织层级来进行。

领导观，类似智慧和判断，随着经验和发掘经验的敏锐程度，而不是随着年龄或资历而发展。因此，组织需要调动机会和资源，同时增强技术和领导观。

举例来说，领导力新手既需要技术，也需要领导观。传统的领导者发展模式重点关注小组或工作团体中的技术应用，如目标设定、决策和反馈。但是，帮助新手洞察领导者角色及其志向、动机和学习方式的问题，同样也不容忽视。可能现阶段要回答的最重要的问题就是："你为什么想做领导者？"

领导力老手，无论是 25 岁还是 50 岁，都需要学习更多看家本领，来拓展职责范围。不过，他们也要拓展能力，更好地理解情境，扩大个人影响力，超越周遭的小圈子。领导力老手会得到提升，承担更多责任，但坐到高层未必就会自然而然变成领导力老手。

杰出的领导者要不断学习新知，以免不进则退。因此，也要鼓励他们保持活力和抱负，在辅导中传授经验，放手让学生自己去尝试。虽然有些啰唆，在此我还是想提醒大家，组织的任何层级都有领导力高手。

这给我们带来的挑战就是，要利用那些能改变领导者身份认同和自我意识的经验。

驾驭不断出现的熔炉

本章一开始，我就不主张那些热衷借助熔炉体验来培养领导者的组织去"创造逆境"。业绩压力已经够大了，我们不用再发明新玩意儿就能加速领导者的成长。诀窍就是驾驭生活中不断出现的熔炉，不浪费学习的机会。要想驾驭熔炉，我们要认识到两个要点：第一，虽然很多熔炉并不出现在工作中，但是它们仍然是领导力发展的重要组成部分；第二，无论在何处出现，熔炉往往对个人影响深刻，比如，它们容易激起强烈的情绪。所以驾驭熔炉绝非易事。下面，我们来看看这两点的影响。

工作之外还是工作之中

第 7 章中，我曾援引一家制药公司高管的话，他认为，把非工作的经验，特别是个人遭遇的不幸带到工作场所是一个禁忌，即使它们与领导力发展有关。我也听过并经历过同样的禁忌。但是，每当我和工作中的，尤其是来自公司不同层级的访谈者讲起我的研究时，总是很惊奇地发现，人们愿意并且渴望谈论对他们影响深刻的个人经历。这些谈话有时在三五个朋友之间进行，但常常也会出现在一大群人中间。高层管理者会谈到年幼时父母离异，自己学着独立时的收获。他们会谈到失败、萦绕于心的沮丧以及如何克服恐惧、承担责任，因为别人要仰仗他们。这些事情往往鲜为人知，不过一旦讲出来，会让说的人更有勇气，也鼓励别人去探索自身的熔炉，从中获得启示。

大多数人比我们想象的更愿意分享和探讨被认为是禁忌的话题。如果人们明白这种分享和探讨的意图是学会如何领导，是深入了解自己和其他人学习成为领导者的方式，而不是让人难堪或遭人诋毁，那么工作之外的经验就会真正成为领导力培训过程的合理组成部分。因此，我常常鼓励愿意谈论从经验中学习的领导者从自己的熔炉故事开始讲。这也是为什么我主张教练和导师应该建议其客户和学员培养一些爱好。工作之外的事情，可以让他们学习新事物，发现一个有同样爱好的圈子，使他们能够安于做一个“绝对新手”，充满求知欲，而且没有什么要隐瞒，没有什么可要求的。

学习的感性面

在许多方面，第二点是关于上一点的忠告。熔炉体验，往往引发强烈的情感。把这些情感贴上“好”“坏”或“正面”“负面”的标签是有误导性的，因为那全是旁观者的眼光。但你不可否认它们的存在。你若不信，那就想想某段曾让你困扰不已的时光，其中的教训未必要与领导力相关。它可能是一个充满矛盾的时期，也可能是真相大白、驱散迷雾的时期。解脱、沮丧、愤怒、背叛、恐慌、欢喜、哀伤，这些都是非常强烈的情绪，但当然不是我们期望在工作中遇到的从容自若的行为。如此种种，便会让你在读到管理学家鼓励组织学习和持续变革时，务必想想工作场所和管理者们是否已经做好了准备，去面对随之而来的强烈情感。

如果类似的在熔炉中发生的深入学习是领导者征途的重要部分，如果强烈的情感通常与深入学习相伴，那么我们必须意识到，强烈的情感很可能就是领导力发展的一部分。如果我们选择借助经验培养领导者的方法，那么唯一的选择就是利用情绪。

虽然这个比喻不够风雅，但是让我们类比一下处理工业有毒废料的情形吧。组织通常会有以下选择：填埋，设法在最后把它过滤出去（常被称为通道末端的解决办法），或者设法从根源上处理，比如在一开始就避免它们产生。失控的强烈情感与有毒废料有很多相似之处：如果处理不当，会对个人及其身边的人产生腐蚀和破坏，即便填埋起来，它们往往也会不合时宜地重新露面。人们往往选用通道末端的解决方案，因为不用对现有的流程做大的调整。但是要知道，为了在影响公众之前把有毒废料过滤掉，人们付出了努力，虽然不尽如人意，而如果选用通道末端解决办法，就忽略了这些努力所额外消耗的能量和资源。我们应该从源头管理起来。如果因为熔炉或其他强大的学习经验不可避免地产生了强烈的、难以忍受的情绪，那么设法应对这些强烈感受的组织才是明智的，也是有效的。

达到这一目的没有捷径。它需要大量投入，帮助未来的领导者做好准备，认识自己的熔炉情境，练习可习得的复原力，帮助管理者和负责领导力发展的专业人员，辅导和培训有抱负的领导者顺利度过情绪波动期。这一挑战常隐含在情商研究之中。

那么，组织能做什么来驾驭经验的力量呢？组织要努力创造用于培养领导者的经验，同时充分利用那些不期而至的事情。对应我们在第 1 章讨论过的三种熔炉类型，有三类经验最为相关：新领域、逆境、悬置（见表 8-1）。

表 8-1 培养领导者的经验

	工作	**生活**
新领域	工作早期	服兵役
	初做主管	年幼时换新环境
	海外工作	音乐营
	人员委派	林中迷路
逆境	项目失败	破产
	未完成指标	离婚
	审计出现问题	选举失败
	同事去世	失去爱人
悬置	休假	长期患病
	事后回顾	长期失业
	夜班或轮班	重返学校
	临时裁员	长期退隐

新领域的经验，伴随着个人对自身动机、志向和价值观的深入洞察，对自己的最佳学习方式的深入理解。如果人们能够自我观察、自我约束，能应付困境、发挥同理心，就能充分利用逆境经验。如果个人深入了解自我更新的必要条件（比如身体、智力、精神上的），就能充分利用悬置经验。很多时候，还要有能与他人有效交流自己所学的能力。

理想状态是，负责培训领导者的专业人员能够根据有抱负的领导者及他们的个人学习策略，推断出在特定的经验中，哪些方面的领导力技能和洞察力将会得到提高。当然，说起来容易，但如果有抱负的领导者是练习中的同伴，而不仅仅是客户，那么这一过程更像是重新确定努力的方向，而不是努力做全新的尝试。

如果缺少合作伙伴、发起人和拥护者的参与，借助经验培养领导者是不可能实现的。所幸的是，合作伙伴、发起人、拥护者会通过加速培养更多的领导者而获得个人声望和经济利益，进而驱动他们的参与。

当代领导者的挑战

我们都知道高层领导者在影响组织实际绩效的同时，也具有巨大的标榜意义，即使通常我们并不清楚那些首席执行官、执行董事或机构领导是否配得上所有的美誉。但猜测他们的行为与诸如股价变动之类的现象之间的关系，会转移我们的注意力，忽略高层管理者具有的对企业的长期生存能力、企业的长期价值更重要的影响，也就是对领导力深度和质量的影响。

高层管理人员的行为会限制住各层级领导者的工作基调和士气，最明显的证据是，某些公司高层管理者的失误会招致严重的灾难性影响，如泰科（Tyco）、世通（WorldCom）、艾德尔菲（Adelphia）和安然公司。这些组织的继任首席执行官发现自己任务艰巨，需要重振士气、恢复中层管理并设法从看似污浊的土壤里发现新的人才。反之，在通用电气、UPS、万豪和微软这样的公司里，领导力是无形资产，常被机构投资者认为是产生股东价值的驱动力。

若想从领导力的投资中获得累进的回报，高层管理者必须积极培养下一代领导者——他们的直接接班人，以及至少之后两代。也就是说，除了投资必要的基础设施支持各级领导者，倡导借助经验的领导者培养之外，高层管理人员必须亲自负责招募和指导未来的领导者，无论是凭直觉还是遵循计划。这项任务非常具有挑战性，季度绩效指标在不停地提高，可除了高层管理人员，很难想象谁还做得了这项工作。

若要培养下一代领导者，则要求现在的领导者，包括首席执行官、执行董事、机构领导等，都要成为识别人才的行家，能够发现和吸引具有组织所需且现任领导者不具备的才能的员工。担心别人比自己优秀的领导者，在当今这个注重创意的经济体系里是没有容身之地的。

有一类慢慢发展起来的领导力形式是正式或非正式的伙伴关系。一方是英雄迟暮，渴望分享自己往日的经验教训；另一方是风华正茂，求知若渴，愿意学习。在这种搭配中，长者会比作为潜在竞争对手的年轻同事获得更多的信任。而且，这种组合是互利的：年长的领导者有辅导他人的成就感，并从对新一代领导者的近距离观察中获益，而年轻的领导者则有了导师，接触到宝贵的真知灼见。

以下这些问题虽然并非面面俱到，但也值得所有准备培养下一代领导者的人想一想。

- 在挑选下一代领导者候选人方面，你和组织做得足够多了吗？
- 你选人的标准是基于今天的成功标准还是未来的？
- 如果你相信经验是领导者最好的老师，你和组织做了哪些事情，帮助不同年龄和级别的人充分利用自己的经验？
- 你对下一代的领导者了解多少？他们是谁？他们有什么样的价值观？你鼓励他们成长并担负重任了吗？

成为领导者不是仅凭天赋就行的。不管有多聪明，多有天赋，多有经济基础或社会特权，没人可以完全准备好去应对组织和生活抛给他们的所有不确定性和新情况。如果领导者想达到我们的期望，要达到自身的期望，他们就必须去适应、去学习。关于这一点，爱因斯坦说得最好："智慧不是学校教育的产物，而是终身的追求。"

我希望本书可以将学习和领导力拉近距离，同时，希望通过揭示杰出的表演者和领导者所采用的策略，推动个人和组织提升绩效，更上一层楼。

学习能力是万能工具

张琼

托马斯教授来访清华大学时，问起我对这本书的读后感，我想了想回答说：“生动有趣，而且非常实用。”

这不是一本可以行云流水般快速读完的书，它需要你时不时把它放下来，回到自身，反思自己的渴望与动机、经历与启示。作者言谈幽默，文笔生动鲜活，讲起道理也不会令你觉得沉闷。译者勉尽心力，希望可传神一二。

在杨斌老师的热忱鼓励之下，我凭着一

直以来对领导力研究的兴趣，应承了这本书的翻译工作，度过了一段当时有些煎熬，回忆起来却很愉快的时光。

感谢杨斌老师的一路关注，从文稿进展到字句斟酌，都给我提出了很多建设性的指导和意见。记得他在经管学院最受欢迎的研究生选修课“领导与变革”课堂上常提醒大家的一句话：“这是领导力的课，不是领导力鉴赏课。”这本书，也正是对这句话的一个绝佳注脚：领导力不是少数人独享的神秘天赋，而是有心人可以习得的实践技能。

感谢张若愚、李治国、陈刚、金晓红、金奕江等好友在初稿阶段帮我润色修改，提供了许多支持和便利；感谢胡乔和王哲在修订期间为我答疑解惑，澄清了很多文字上的疑义；感谢巴布森学院的 Amy、Jason、Sophia、Shi-hho、Linda、Lei、Vivian、Hsu-hao、希瑟·菲什曼（Heather Fishman）和韦尔斯利学院的弗雷德科·沙勒（Fredk Schaller）的支持，让文稿修订得以顺利完成；感谢父亲、母亲的叮嘱和询问，让我提醒自己不可懈怠，善始善终。

译文错漏，责任在我。欢迎指正，欢迎分享。

未来，属于终身学习者

我这辈子遇到的聪明人（来自各行各业的聪明人）没有不每天阅读的——没有，一个都没有。巴菲特读书之多，我读书之多，可能会让你感到吃惊。孩子们都笑话我。他们觉得我是一本长了两条腿的书。

——查理·芒格

互联网改变了信息连接的方式；指数型技术在迅速颠覆着现有的商业世界；人工智能已经开始抢占人类的工作岗位……

未来，到底需要什么样的人才？

改变命运唯一的策略是你要变成终身学习者。未来世界将不再需要单一的技能型人才，而是需要具备完善的知识结构、极强逻辑思考力和高感知力的复合型人才。优秀的人往往通过阅读建立足够强大的抽象思维能力，获得异于众人的思考和整合能力。未来，将属于终身学习者！而阅读必定和终身学习形影不离。

很多人读书，追求的是干货，寻求的是立刻行之有效的解决方案。其实这是一种留在舒适区的阅读方法。在这个充满不确定性的年代，答案不会简单地出现在书里，因为生活根本就没有标准确切的答案，你也不能期望过去的经验能解决未来的问题。

而真正的阅读，应该在书中与智者同行思考，借他们的视角看到世界的多元性，提出比答案更重要的好问题，在不确定的时代中领先起跑。

湛庐阅读 App：与最聪明的人共同进化

有人常常把成本支出的焦点放在书价上，把读完一本书当作阅读的终结。其实不然。

时间是读者付出的最大阅读成本

怎么读是读者面临的最大阅读障碍

“读书破万卷”不仅仅在“万”，更重要的是在“破”！

现在，我们构建了全新的“湛庐阅读”App。它将成为你“破万卷”的新居所。在这里：

- 不用考虑读什么，你可以便捷找到纸书、电子书、有声书和各种声音产品；
- 你可以学会怎么读，你将发现集泛读、通读、精读于一体的阅读解决方案；
- 你会与作者、译者、专家、推荐人和阅读教练相遇，他们是优质思想的发源地；
- 你会与优秀的读者和终身学习者为伍，他们对阅读和学习有着持久的热情和源源不绝的内驱力。

从单一到复合，从知道到精通，从理解到创造，湛庐希望建立一个“与最聪明的人共同进化”的社区，成为人类先进思想交汇的聚集地，与你共同迎接未来。

与此同时，我们希望能够重新定义你的学习场景，让你随时随地收获有内容、有价值的思想，通过阅读实现终身学习。这是我们的使命和价值。

CHEERS

本书阅读资料包

给你便捷、高效、全面的阅读体验

本书参考资料

湛庐独家策划

- ✔ 参考文献
  为了环保、节约纸张，本书注释与参考文献以电子版方式提供
- ✔ 主题书单
  编辑精心推荐的延伸阅读书单，助你开启主题式阅读
- ✔ 图片资料
  部分图片提供高清彩色原版大图，方便保存和分享

相关阅读服务

终身学习者必备

- ✔ 电子书
  便捷、高效，方便检索，易于携带，随时更新
- ✔ 有声书
  保护视力，随时随地，有温度、有情感地听本书
- ✔ 精读班
  2~4周，最懂这本书的人带你读完、读懂、读透这本好书
- ✔ 课　程
  课程权威专家给你开书单，带你快速概览一个领域的知识全貌
- ✔ 讲　书
  30分钟，大咖给你讲本书，让你挑书不费劲

湛庐编辑为您独家呈现
助您更好获得书里和书外的思想和智慧，请扫码查收！

（阅读资料包的内容因书而异，最终以湛庐阅读App页面为准）

Crucibles of Leadership: How to Learn from Experience to Become a Great Leader / Robert J.Thomas

图书在版编目（C I P）数据

浙 江 省 版 权 局
著作权合同登记章
图字：11-2020-252号

领导力熔炉 / (美) 罗伯特·J. 托马斯 (Robert J. Thomas) 著 ; 张琼译. -- 杭州 : 浙江教育出版社, 2021.10
ISBN 978-7-5722-2399-0

Ⅰ. ①领… Ⅱ. ①罗… ②张… Ⅲ. ①领导学 Ⅳ. ①C933

中国版本图书馆CIP数据核字(2021)第186399号

上架指导：企业管理 / 领导力

领导力熔炉
LINGDAOLI RONGLU
［美］罗伯特·J. 托马斯（Robert J.Thomas） 著
张 琼 译

责任编辑：李 剑 刘亦璇
美术编辑：韩 波
封面设计：ablackcover.com
责任校对：王晨儿
责任印务：沈久凌
出版发行：浙江教育出版社（杭州市天目山路 40 号 电话：0571-85170300-80928）
印 刷：唐山富达印务有限公司
开 本：880mm ×1230mm 1/32
印 张：8.5　　字 数：189 千字
版 次：2021 年 10 月第 1 版　　印 次：2021 年 10 月第 1 次印刷
书 号：ISBN 978-7-5722-2399-0　　定 价：79.90 元

如发现印装质量问题，影响阅读，请致电 010-56676359 联系调换。